LA TRAVESÍA
DE ENRIQUE

LA TRAVESÍA
DE ENRIQUE

La historia real de un niño
decidido a reunirse con su madre

Edición adaptada para lectores jóvenes

SONIA NAZARIO

Traducido por Ana Ras

Delacorte Press

Información para el Catálogo de la Biblioteca del Congreso
Nazario, Sonia
La Travesía de Enrique: la historia real de un niño decidido a reunirse con su madre / Sonia Nazario
p. cm.
ISBN 978-0-385-74327-3 (tapa dura) — ISBN 978-0-375-99104-2 (glb) — ISBN 978-0-307-98315-2 (e-book).
1. Honduras—Estados Unidos—Biografía—Literatura juvenil.
2. Niños inmigrantes—Estados Unidos—Biografía—Literatura juvenil.
3. Inmigración ilegal—Estados Unidos—Biografía—Literatura juvenil.   I. Título.
E184.H66N3972 2013
973'.04687283—dc23
[B]
2012038328

ISBN 978-0-553-53554-9 (Spanish Edition)

Impreso en los Estados Unidos de América
10 9 8 7 6 5 4 3
Primera Edición

A mi esposo, Bill

CONTENIDO

*Mapa: La travesía de Enrique
desde Tegucigalpa a Nuevo Laredo*   viii

Prólogo   1

PARTE I: Honduras

1: El niño que quedó atrás   19

2: La rebelión   35

PARTE II: La travesía

3: En busca de piedad   55

4: Ante la bestia   67

5: Dádivas y fe   98

6: En la frontera   123

PARTE III: El otro lado de la frontera

7: Cruzando un río oscuro en busca de una vida mejor 155

8: Quizá una nueva vida   169

9: La niña que quedó atrás   176

10: Un reencuentro inesperado   203

Epílogo   210

Reflexiones finales   229

Notas   255

Agradecimientos   289

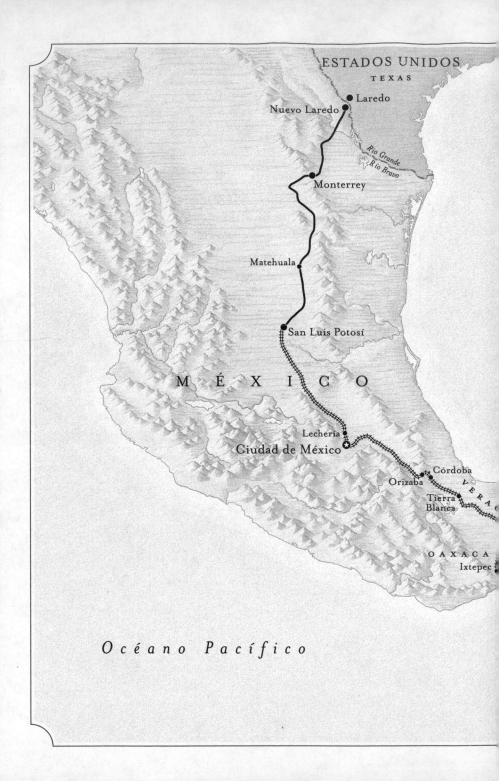

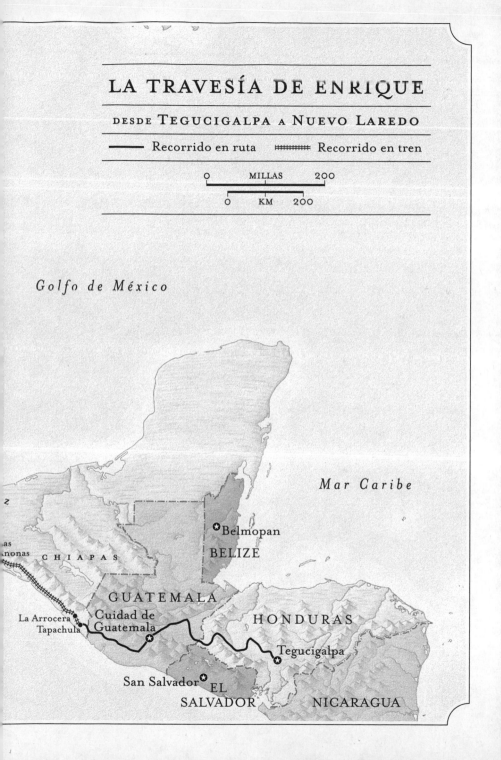

LA TRAVESÍA DE ENRIQUE

DESDE TEGUCIGALPA A NUEVO LAREDO

—— Recorrido en ruta ⊬⊬⊬⊬⊬ Recorrido en tren

O MILLAS 200

O KM 200

Golfo de México

Mar Caribe

Belmopan
BELIZE

CHIAPAS

GUATEMALA

La Arrocera Cuidad de
Tapachula Guatemala

HONDURAS

Tegucigalpa

San Salvador EL
SALVADOR NICARAGUA

PRÓLOGO

Es viernes, a las ocho de la mañana. Oigo una llave que gira en la cerradura de la puerta de calle de mi casa en Los Ángeles. María del Carmen Ferrez, la mujer que limpia mi casa cada dos semanas, abre la puerta. Entra a la cocina.

Normalmente, a esta hora yo estoy ansiosa por largarme a toda prisa a mi oficina en el periódico *Los Angeles Times*. Pero cuando viene Carmen, mi actitud es diferente. Me quedo en la cocina y charlo con ella.

En esta mañana de 1997, Carmen y yo nos inclinamos sobre la isla de la cocina, una de cada lado. Hace tiempo que quiere hacerme una pregunta, me dice. "Señora Sonia, ¿piensa usted tener un bebé alguna vez?".

No estoy segura, le contesto. Carmen tiene un hijo pequeño que a veces viene con ella y mira la televisión mientras su madre trabaja. ¿Quiere *ella* tener más hijos?, le pregunto.

Carmen, que es siempre risueña y conversadora, se calla súbitamente. Incómoda, fija su mirada en la isla de la cocina. Luego, en voz baja, me habla de otros cuatro hijos que yo no sabía que existían. Estos hijos—dos niños y dos niñas—están lejos, dice Carmen, en Guatemala. Los dejó atrás cuando vino a los Estados Unidos a trabajar. Ha estado separada de ellos por doce años.

Carmen me cuenta que su hijita más pequeña tenía sólo un año de edad cuando ella se marchó. Con el correr de los años, ha sentido cómo iba creciendo Minor, su hijo mayor, al oír cómo se hacía más grave el timbre de su voz.

Carmen empieza a sollozar mientras me cuenta la historia.

¿Doce años? Mi reacción es de incredulidad. ¿Cómo puede una madre dejar a sus hijos y viajar más de dos mil millas, sin saber cuándo volverá a verlos o si los verá otra vez? Carmen se seca las lágrimas y me explica. Su esposo los abandonó a ella y a sus hijos por otra mujer. Por más que trabajara, no podía ganar lo suficiente como para alimentar a cuatro hijos ella sola. "Me pedían comida, y yo no la tenía". Muchas noches se iban a dormir sin haber comido. Ella trataba de calmarles las punzadas de hambre cuando los arrullaba para dormir. "Dormí boca abajo para que no te haga tanto ruido la tripa", decía Carmen, tratando de que se voltearan.

Preocupada por que yo pueda censurar su decisión, Carmen me dice que muchas mujeres inmigrantes que han venido a Los Ángeles desde Centroamérica y México son como ella: madres solteras que dejaron hijos en sus países de origen. Yo comienzo a comprender el abismo de desesperación que enfrentan las mujeres en países como el suyo. En Honduras, por ejemplo, la mayoría de las mujeres ganan entre 40 y 120 dólares por mes como obreras, empleadas domésticas o niñeras. El alquiler de una choza sin baño ni cocina cuesta 30 dólares por mes.

Las madres mandan a sus hijos a la escuela vestidos con uniformes raídos, y a menudo no tienen dinero para lápices, papel o un almuerzo decente. Un director de escuela de Tegucigalpa me dijo que muchos de sus alumnos estaban tan malnutridos que no podían mantenerse de pie para cantar el himno nacional. Muchas madres hondureñas dejan de mandar a sus niños a la escuela cuando tienen sólo ocho años. Los hacen cuidar de sus hermanos más pequeños mientras ellas trabajan o venden tortillas en una esquina.

Carmen partió hacia los Estados Unidos por amor. Esperaba ganar dinero y mandarlo a casa para que sus hijos pudieran escapar de la pobreza agobiante que ella conoció de niña. Quería que tuvieran la oportunidad de ir a la escuela más allá del sexto grado. Se jacta de la ropa, el dinero y las fotos que les envía.

También reconoce que ha pagado un costo brutal. Siente la distancia entre ella y sus hijos cuando hablan por teléfono. Pasan los días y ella no está para los hitos importantes de sus vidas. Su ausencia deja heridas profundas. Su hija mayor se asusta cuando tiene su primera menstruación. No entiende qué le pasa. ¿Por qué no estabas aquí para explicarme?, le pregunta la niña a Carmen.

En Guatemala, los amigos de sus hijos envidian el dinero y los regalos que Carmen manda. "Tenés todo. Buena ropa. Buenas zapatillas", dicen. Su hijo Minor responde: "Lo cambiaría todo por mi madre. Nunca he tenido alguien que me consienta. Que diga: haz esto, no hagas lo otro. ¿Has comido? Nunca se puede obtener de otros el amor de una madre".

Para los latinos, la familia tiene una importancia trascendental. La maternidad representa el valor supremo de la mujer. Me conmovió la encrucijada que enfrentan las madres cuando dejan a sus hijos. ¿Cómo toman una decisión tan imposible? ¿Qué haría yo en su lugar? ¿Vendría a los Estados Unidos a ganar mucho más dinero y asegurarme de que mis hijos pudieran comer e ir a la escuela más allá del sexto grado? ¿O me quedaría con ellos sabiendo que se criarían en la miseria?

LOS QUE SE QUEDAN

Los hijos de Carmen podrían venir con un contrabandista que los pasara clandestinamente por la frontera de Centroamérica a México y luego de México a los Estados Unidos. Pero Carmen no ha conseguido ahorrar lo suficiente para pagarle a un contrabandista. Además, le da miedo someter a sus hijos a ese viaje ilegal y lleno de peligros. Cuando ella vino hacia el norte en 1985, el contrabandista que la traía le robó el dinero que llevaba. Pasó tres días sin comer. Sabe que la experiencia podría haber sido aun peor. Teme que violen a sus hijas en el viaje.

En 1998, un año después de que Carmen me contara la historia de su familia, su hijo Minor emprende solo el viaje a los Estados Unidos en busca de su madre. No le avisa a Carmen. El muchacho atraviesa Guatemala y México como autostopista, mendigando comida en el camino.

Minor tenía diez años cuando Carmen se fue. Trece años después, aparece en el umbral de la casa de su madre en Los Ángeles. La ha echado mucho de menos. Tiene que saber: ¿Ella se fue de Guatemala porque nunca lo había amado de verdad? ¿Cómo explicar de otro modo el porqué de su partida?

Minor me relata su peligroso viaje como autostopista. Ha sido víctima de robos y amenazas. Sin embargo, él dice que tuvo suerte. Cada año, miles de niños que van a los Estados Unidos en busca de sus madres hacen una travesía mucho más peligrosa. Viajan en los techos de los trenes de carga mexicanos. Lo llaman El Tren de la Muerte.

Al escuchar su relato, me asombra lo azaroso del viaje que emprenden los niños para intentar reunirse con sus madres. Me pregunto qué clase de desesperación empuja a estos niños, algunos de sólo siete años de edad, a viajar solos por parajes tan hostiles con su ingenio como único recurso.

LA INMIGRACIÓN HACIA LOS ESTADOS UNIDOS

Los Estados Unidos han recibido la mayor oleada inmigratoria de su historia. Desde 1990, han ingresado de manera ilegal al país más de 11 millones de inmigrantes. Desde el año 2000, como promedio, han ingresado al país legalmente u obtenido residencia 1 millón más de inmigrantes.

Esta oleada de inmigración es diferente de las anteriores en un aspecto.

Antes, lo habitual era que el padre se mudara a los Estados Unidos. Los niños quedaban con la madre. Pero en décadas recientes, el incremento del divorcio y las separaciones familiares ha hecho que muchas mujeres se queden solas, sin los ingresos del padre de sus hijos y casi imposibilitadas de criar y alimentar a su familia con lo que ganan. Muchas de estas madres solteras deciden dejar a sus hijos con abuelos, parientes o vecinos, se van a trabajar a los Estados Unidos y envían a casa todo el dinero que pueden para que sus hijos tengan una vida mejor.

Como me aseguró Carmen, su experiencia *es* increíblemente común. En Los Ángeles, un estudio de la Universidad del Sur de California mostró que el 82 por ciento de las niñeras de planta y una de cada cuatro mucamas son madres que aún tienen por lo menos un hijo en su país de origen.

En muchos lugares de los Estados Unidos, las preocupaciones legítimas respecto de la inmigración y las leyes antiinmigratorias han tenido un efecto secundario grave: se ha deshumanizado y demonizado a los inmigrantes. Quizá, pensé, si yo ofreciera una mirada en profundidad de un inmigrante—con todas sus fortalezas, su coraje y sus defectos—su misma condición de ser humano podría ayudar a iluminar lo que tantas veces parece ser una discusión sin matices.

Yo creía comprender la experiencia inmigrante. Mi padre, Mahafud, nació en Argentina, adonde su familia cristiana llegó huyendo de la persecución religiosa en Siria. Mi madre, Clara, nacida en Polonia, emigró a Argentina de niña para escapar de la pobreza y la persecución a los judíos. Muchos de sus parientes polacos murieron en las cámaras de gas durante la Segunda Guerra Mundial. En 1960, mi familia se mudó a los Estados

Unidos. Querían irse de la Argentina, un país controlado por militares donde se limitaba la libertad de expresión.

Por la experiencia de mis padres, yo comprendía el deseo de tener oportunidades y libertad. También sabía lo que es no tener dinero. Durante los años sesenta y setenta crecí en Kansas como hija de inmigrantes argentinos, y muchas veces me sentí como una forastera, entre dos países y dos mundos. En muchos sentidos comparto la experiencia de los inmigrantes latinos en este país. Sin embargo, mis padres llegaron al país en avión, no en los techos de un tren de carga. Mi familia nunca estuvo separada en el proceso de migrar hacia los Estados Unidos. Hasta mi viaje con niños inmigrantes, no había comprendido cabalmente lo que la gente está dispuesta a hacer para llegar aquí en busca de oportunidades y libertad.

PERIODISMO

Como periodista, me gusta meterme en la acción, ver cómo se desarrolla, hacer que la gente vea desde dentro mundos que de otra forma no vería. Por mis conversaciones con Minor, el hijo de Carmen, supe que quería oler, saborear, escuchar y sentir cómo es para los niños este peligroso recorrido hacia los Estados Unidos. Para que mi relato de las experiencias de estos niños fuese vívido, sabía que yo misma tenía que hacer la travesía. Tenía que viajar por México en los techos de los trenes de carga.

Minor me hizo comprender cuán peligroso es el viaje para los niños inmigrantes. Van solos, padecen frío y hambre, están indefensos y llevan poco o nada de dinero. Miles de ellos atraviesan México encaramados en los costados y los techos de los trenes de carga. Los persiguen y los cazan como a animales. Hay pandilleros que controlan los techos de los trenes, hay maleantes que controlan las vías, y los policías que patrullan las estaciones de tren violan y asesinan. Casi todos los niños migrantes son víctimas de uno o varios ataques en algún momento de la travesía. Algunos mueren.

Como atraviesan México como ilegales, no pueden subir al tren en las estaciones. Tienen que treparse a los vagones en movimiento, arriesgándose a perder un brazo o una pierna. Pensar en someterme a esa experiencia por mi propia voluntad era poco menos que una locura.

En pocas palabras, tenía miedo.

Antes de emprender el viaje, debía informarme lo más posible. ¿Cuál es el recorrido exacto que hacen los migrantes? ¿Qué es lo mejor y lo peor que puede pasar en cada etapa del camino? ¿Dónde ocurren los peores actos de crueldad contra los migrantes? ¿Y los mayores actos de bondad? ¿En qué tramo de las vías hay pandillas que roban, en qué tramo hay bandidos que matan? ¿Dónde detienen el tren las autoridades mexicanas de inmigración?

¿Sería yo la única mujer en el tren? La terrible verdad es que las mujeres migrantes, especialmente las más jóvenes, suelen ser víctimas de ataques sexuales en el camino, aun si tienen la ventaja de viajar con un contrabandista. Es por eso que los que viajan en los trenes son casi todos hombres.

Mi plan original era seguir a un niño desde el comienzo del

viaje en Centroamérica hasta el reencuentro con su madre en los Estados Unidos. Pero comprendí que no era realista. No puedo correr a la velocidad de un adolescente; no iba a poder mantenerme a la par, quedarme cerca del niño para escribir sobre él. Tenía que ir a lo seguro. Buscaría a un adolescente que ya hubiese hecho el viaje desde Centroamérica hasta el norte de México y lo seguiría desde la frontera hasta el reencuentro con su madre en los Estados Unidos. Luego debería basarme en los relatos del joven para reconstruir la parte del viaje antes de llegar a los Estados Unidos y hacer yo misma el recorrido por México.

No soy una persona valiente. Evito el peligro siempre que puedo. Pensé mucho cómo hacer para protegerme durante el viaje y formulé una regla: nada de subir y bajar de vagones en movimiento (solo rompí esa regla una vez).

Un colega de *Los Angeles Times* que tenía conexiones en las altas esferas del gobierno mexicano me ayudó a conseguir una carta del secretario personal del presidente de México. En ella se solicitaba a todas las autoridades y policías que cooperaran con mi trabajo periodístico. Gracias a la carta del gobierno pude obtener permiso para viajar en los techos del tren a lo largo de todo México. También me evitó ir presa tres veces cuando me capturaron las autoridades.

Esa carta también ayudó a convencer al Grupo Beta, un grupo mexicano que protege los derechos de los migrantes, de que fueran mis guardaespaldas. En el tramo de Chiapas, el más peligroso del viaje, me acompañarían agentes armados del Grupo Beta. Arreglé para que los maquinistas del tren supieran que yo estaba a bordo. Yo les pediría que estuviesen atentos a mi señal: iba a llevar una chaqueta de lluvia roja anudada a la cintura, y la iba a agitar si me hallaba en serio peligro.

CÓMO ENCONTRÉ A ENRIQUE

La frontera entre México y los Estados Unidos es vigilada por la Patrulla Fronteriza de los Estados Unidos. La tarea de estos guardias es capturar a la gente que se escabulle por la frontera, arrestarlos y mandarlos de regreso a su país de origen.

Según la Patrulla Fronteriza, el promedio de los niños que capturan tratando de cruzar solos la frontera entre México y los Estados Unidos son varones de quince años. Yo quería encontrar a un niño que estuviera cerca de ese promedio de edad y que hubiese viajado en los trenes. En mayo del año 2000, indagué en una docena de albergues e iglesias que dan ayuda a los migrantes, incluyendo a menores de edad, a lo largo del lado mexicano de la frontera. En Nuevo Laredo, una monja de la parroquia de San José me habló de Enrique, que había venido desde Honduras buscando a su madre. Enrique tenía diecisiete años, era un poco mayor que el promedio de los niños sin acompañante que capturan las autoridades de inmigración de los Estados Unidos, pero su historia era tan llena de vicisitudes como las que había oído de otros niños que hicieron el viaje.

Yo necesitaba un niño que pudiese reunirse con su madre en los Estados Unidos. En Nuevo Laredo, hablé con docenas de niños, pero a todos les habían robado el número telefónico de sus madres en el camino. No se les había ocurrido memorizarlo y no tenían acceso a teléfonos celulares, que no eran de uso corriente en el año 2000. Muchos de ellos venían de pueblos en los que cualquier teléfono es un lujo. Sin un número de teléfono para ponerse en contacto con sus madres, sus posibilidades de continuar el viaje eran escasas.

A Enrique también le habían robado el número de su madre, pero recordaba un número de teléfono en Honduras al que podía llamar para conseguir el de su madre. Me decidí por él. Pasé dos semanas con él mientras acampaba junto al río Grande, que separa a los Estados Unidos de México. Él me contó todos los detalles de su vida y de su viaje al norte. Apunté todos los lugares adonde había estado, todas las experiencias, todas las personas que en su recuerdo lo habían ayudado o le habían puesto escollos en el camino.

Yo quería ver y sentir lo mismo que Enrique para escribir sobre su experiencia y la de otros niños como él. Procedí a reconstruir su trayectoria haciendo el mismo recorrido que él había hecho sólo unas semanas antes. Empecé en Honduras, entrevistando a su familia y viendo los lugares que él frecuentaba. Viajé por Centroamérica en autobuses tal cual lo había hecho Enrique. Recorrí el mismo camino por las ferrovías, viajando a lo largo de México en los techos de siete trenes. Me bajé en el mismo lugar que él, en San Luis Potosí, y luego viajé como autostopista desde el mismo lugar en Matehuala, en el norte de México, donde Enrique pidió un aventón hasta la frontera. Para seguir los pasos de Enrique, viajé más de mil seiscientas millas, la mitad en los techos de los trenes.

Me encontré con gente que había ayudado a Enrique y visité pueblos o parajes que él había atravesado. Mostraba a la gente una foto de Enrique para asegurarme de que estábamos hablando del mismo muchacho. En los trenes conocí a otros niños que viajaban para reunirse con sus madres. Entrevisté a docenas de migrantes y expertos en Honduras y en México: personal médico, sacerdotes, monjas, agentes de policía. Todo esto me ayudó a corroborar el relato de Enrique.

Volví a hablar con Enrique para comparar lo que habíamos visto en nuestros viajes. Quería estar segura de plasmar un relato verdadero. En total pasé más de seis meses viajando por Honduras, México y los Estados Unidos. En el año 2003 recorrí una vez más el trayecto completo, empezando en Tegucigalpa, Honduras. Desde entonces he continuado mi trabajo con la familia y con otros.

UN RECORRIDO PELIGROSO

Durante los meses que viajé recorriendo el mismo trayecto que Enrique, viví casi constantemente en peligro de ser golpeada, asaltada o violada. Una noche de tormenta, cuando viajaba en lo alto de un vagón cisterna, la rama de un árbol me dio de lleno en la cara. Me tumbó hacia atrás y casi me caí del tren. Tiempo después me enteré de que esa misma rama había barrido a un niño que iba en el vagón detrás del mío. Sus amigos no sabían si había sobrevivido el torbellino de aire que succiona hacia las ruedas a los cuerpos que caen del tren.

A los lados de la vía las cosas no eran mucho más seguras. Bordeando un río en Ixtepec, Oaxaca, pasé por un lugar con muchos trenes y transeúntes bajo el puente principal que cruza el río. Parecía un lugar seguro. Al día siguiente entrevisté a una muchacha de quince años que había sido violada en el mismo lugar donde yo me había sentido a salvo.

De regreso en los Estados Unidos, tuve una pesadilla recurrente: alguien me perseguía por los techos de un tren para violarme. Necesité seis meses de terapia para poder volver a dormir bien.

En los trenes estaba roñosa, imposibilitada de ir al baño por largos trechos, sufriendo un calor o frío insoportables, castigada durante horas por la lluvia y el granizo. Aunque con frecuencia me sentía extenuada y miserable, sabía que mi experiencia no podía ni compararse con la de los niños migrantes. Al cabo de un largo viaje en tren, yo sacaba a relucir mi tarjeta de crédito, me alojaba en un motel, me daba una ducha, comía, dormía. Normalmente estos niños tardan meses en llegar al norte. Se guían de oídas o por el recorrido del sol. Entre tren y tren duermen en los árboles, beben agua de los charcos y mendigan comida. El viaje me dio apenas un esbozo de lo dura que es para ellos la travesía.

A cada paso del camino creció mi asombro ante la implacable determinación que muestran estos niños para llegar a destino. Están dispuestos a soportar miserias y peligros durante largos meses. Todo lo que tienen es su fe y un profundo deseo de estar junto a sus madres. Juran no volver a casa, y no darse por vencidos ante ningún obstáculo. No hay cantidad de policías y guardias que pueda disuadir a niños como Enrique, que soportan tanto con tal de llegar a los Estados Unidos.

ENRIQUE

La madre de Enrique se marchó cuando él tenía cinco años. Años después, ya adolescente, él se fue a los Estados Unidos solo en busca de su madre.

En el año 2000, cuando Enrique emprendió el viaje, era uno de aproximadamente 48.000 niños y adolescentes que se marcharon de Centroamérica para ingresar a los Estados Unidos de manera ilegal y sin ninguno de sus padres. El viaje es duro para los que vienen de México, pero más duro aún para los centroamericanos como Enrique: ellos no sólo deben hacer el peligroso cruce por la frontera entre México y los Estados Unidos, sino cruzar la frontera hacia México. Según abogados de inmigración, sólo la mitad de ellos cuentan con la ayuda de un contrabandista: los demás viajan solos.

Desde la partida de Enrique, se estima que el número de niños que ingresan a los Estados Unidos de manera ilegal desde México y Centroamérica ha aumentado a más de 100.000 por año. El gobierno estadounidense tiene ochenta albergues en doce estados para niños inmigrantes detenidos, y en 2012 y 2014 tuvo que apresurarse para abrir varios albergues nuevos.

Algunos de los niños tienen sólo siete años de edad, aunque típicamente son adolescentes. Muchos marchan al norte en busca de trabajo. Otros huyen de familias abusivas. Pero la mayoría de los niños centroamericanos viajan al norte para reunirse con un progenitor. Llevan fotos en las que aparecen en brazos de su madre. Algunos dicen que tienen que saber si su madre todavía los ama. Creen que hallar a su madre es la respuesta a todos los problemas.

LECCIONES APRENDIDAS EN LOS TECHOS DEL TREN

Enrique y los migrantes con los que estuve me dieron un regalo que no tiene precio. Me recordaron el valor de lo que tengo. Me enseñaron que hay gente dispuesta a morir en su intento por conseguir lo que yo suelo dar por sentado.

Las madres solteras que vienen a este país, y los niños que las siguen, están cambiando el cariz de la inmigración en los Estados Unidos. Ellos se convierten en nuestros vecinos, alumnos en nuestras escuelas, trabajadores en nuestros hogares. A medida que se vuelvan un componente más importante del tejido social de los Estados Unidos, sus dificultades y sus logros serán una parte del futuro de este país. Para los estadounidenses en general, espero que este libro ayude a traer a la luz a esta parte de nuestra sociedad.

Para las madres latinas que vienen a los Estados Unidos, mi esperanza es que comprendan cabalmente las consecuencias de dejar a sus niños y tomen decisiones mejor informadas. Porque, en última instancia, estas separaciones casi siempre terminan mal. Todas las mujeres separadas de sus hijos a quienes entrevisté en los Estados Unidos estaban seguras de que la separación iba a ser breve. Los inmigrantes que vienen a los

Estados Unidos son por naturaleza optimistas, dejan todo lo que aman y conocen en busca de una vida mejor.

No obstante eso, la realidad es que pasan años y años hasta que los niños logran reunirse con sus madres. Para cuando esto ocurre, si es que ocurre, los niños suelen guardarles mucho resentimiento. Se sienten abandonados. Las madres se asombran ante esa actitud. Piensan que sus hijos deberían mostrar gratitud, no enojo. Después de todo, ellas renunciaron a estar con sus hijos, trabajaron como condenadas, todo para darles a sus hijos una vida y un futuro mejores.

Después del reencuentro, el hogar se vuelve conflictivo. En muchos sentidos, estas separaciones son devastadoras para las familias latinas. Las personas pierden lo que más valoran: la familia y el amor de sus hijos.

Muchos de los niños que emprenden este viaje no llegan a destino. Derrotados, terminan de vuelta en Centroamérica.

"Esta es la historia de aventuras del siglo veintiuno," me dijo una mujer de Los Ángeles que trabaja con inmigrantes.

Enrique estaba resuelto a reunirse con su madre. ¿Lo lograría?

Este relato puede leerse como una novela, pero todo es verdad.

PARTE I

HONDURAS

1

EL NIÑO QUE QUEDÓ ATRÁS

El niño no comprende.

Lourdes sí comprende, como sólo una madre puede comprender, el terror que está por causar. Sabe el dolor que sentirá Enrique y luego el vacío.

No le habla. No lo puede mirar siquiera. Enrique no tiene la menor sospecha de lo que ella está por hacer.

¿Qué será de él? El niño la ama profundamente como sólo un hijo puede amar. No deja que otros lo bañen o le den de comer. Con Lourdes, es abiertamente cariñoso. "Dame pico, mami", le pide una y otra vez, frunciendo los labios para que ella lo bese. Con Lourdes, es parlanchín. "Mire, mami", dice en voz baja, preguntándole sobre todo lo que ve. Sin ella, la timidez lo abruma.

Ella sale despacio al portal. Enrique se aferra a sus piernas.

A su lado, se ve muy pequeño. Lourdes lo quiere tanto que no acierta a decir nada. No se atreve a llevar su fotografía por temor a flaquear. Tampoco se atreve a abrazarlo. El niño tiene cinco años.

Viven en las afueras de Tegucigalpa, la capital de Honduras. Lourdes tiene veinticuatro años y se gana la vida vendiendo tortillas, ropa usada y plátanos de puerta en puerta. O encuentra un lugar donde ubicarse en la acera polvorienta cerca del Pizza Hut del centro para vender chicle, galletitas y cigarrillos que lleva en una caja. Para Enrique, la acera es su patio de juegos.

Ni hablar de un buen empleo. Lourdes apenas puede alimentar a Enrique y su hermana Belky, de siete años de edad. Nunca ha podido comprarles un juguete o un pastel de cumpleaños. Su marido se ha ido. No tiene dinero para uniformes ni para lápices. Lo más seguro es que ni Enrique ni Belky terminen la escuela primaria. El futuro de sus hijos es sombrío.

Lourdes sabe de un solo lugar que ofrece esperanza. Cuando tenía siete años y llevaba las tortillas que amasaba su madre a las casas de los ricos, tuvo vistazos fugaces de ese mundo en televisores ajenos. Vio los imponentes edificios de Nueva York, las luces fulgurantes de Las Vegas, el castillo mágico de Disneylandia. Había una distancia abismal entre el brillo de esas imágenes y la casa de su infancia: una choza de dos habitaciones hecha con tablones de madera y techo de hojalata. El baño era un matorral afuera.

Lourdes ha decidido partir. Se marchará a los Estados Unidos y ganará dinero para mandar a casa. Será una ausencia de un año, aun menos si tiene suerte, y luego regresará a Honduras o enviará por sus hijos para que estén con ella. Es por ellos que se va, se dice a sí misma, pero igual se siente abrumada por la culpa.

Lourdes deberá separar a sus hijos. Nadie de su familia puede tomar a los dos juntos. Belky se quedará con la madre y las hermanas de Lourdes. Enrique se quedará con su padre, Luis, que lleva tres años separado de Lourdes.

De rodillas, Lourdes besa a Belky y la estrecha contra su pecho. Pero a Enrique no puede mirarlo. Él sólo recordará que ella le dijo: "No olvides ir a la iglesia esta tarde".

Es el 29 de enero de 1989. Su mamá baja del portal.

Se aleja andando.

"¿Dónde está mi mami?", pregunta Enrique llorando una y otra vez.

Su madre no regresa nunca, y el destino de Enrique queda sellado.

BEVERLY HILLS

Lourdes ha contratado a un contrabandista o "coyote" para que la ayude a atravesar México en autobuses. Cierra los ojos y se imagina que está en su casa al atardecer, jugando con Enrique y con Belky bajo el eucalipto del patio delantero. Le brotan las lágrimas. Se recuerda que si flaquea, si no sigue adelante, sus hijos seguirán sufriendo.

Con la ayuda del contrabandista, Lourdes entra clandestinamente a los Estados Unidos en una de las oleadas de inmigración más grandes de la historia del país. Pasa durante la noche por una cloaca infestada de ratas en Tijuana, México, y se dirige a Los Ángeles. Una vez allí, en la estación de autobuses Greyhound, el contrabandista le dice a Lourdes que lo espere mientras hace un mandado rápido. Ya volverá. Ella le ha pagado para que la lleve hasta Miami.

Pasan tres días. El contrabandista no regresa. Lourdes se revuelve el pelo roñoso intentando confundirse con los pordioseros para no llamar la atención de la policía. Ruega a Dios que le mande a alguien que le muestre el camino. ¿A quién le puede pedir ayuda? Famélica, se echa a andar. En el este de Los Ángeles ve una pequeña fábrica. En la plataforma de carga, bajo un techo gris de hojalata, hay mujeres separando tomates verdes y rojos. Lourdes implora que le den trabajo. Mientras llena cajas con tomates Lourdes alucina que rebana un tomate jugoso y le echa sal.

Muy pronto, Lourdes consigue trabajo como niñera. Se va a vivir con una pareja de Beverly Hills para cuidar de una niña de tres años. La casa es espaciosa, con alfombras y paneles de caoba en las paredes. Sus patrones son bondadosos. Quizá, piensa Lourdes, si se queda el tiempo suficiente ellos la ayudarán a conseguir papeles.

Todas las mañanas, cuando los patrones salen a trabajar, la niña llora por su madre. Lourdes le da el desayuno pensando en Enrique y en Belky. Se pregunta: ¿Acaso mis hijos llorarán así? Estoy dando de comer a esta niña en lugar de alimentar a mis propios hijos. La pequeña, tan cercana en edad a Enrique, le recuerda constantemente a su hijo. Lourdes siente una tristeza enorme. Muchas tardes no puede contener la congoja. Deja a la niña con un juguete y corre a la cocina. Allí, donde no la ven, rompe a llorar. No puede soportar estar con los hijos de otros cuando sus propios hijos están tan lejos. Decide que necesita buscar otro tipo de trabajo.

CONFUSIÓN

Hace dos años que Lourdes se ha ido. Enrique tiene siete años. Llegan cajas a Tegucigalpa. Están llenas de ropa, zapatos, coches de juguete, un muñeco de RoboCop, un televisor. Las cartas de Lourdes no son largas: apenas sabe escribir y eso la avergüenza. Le dice a Enrique que se porte bien y que estudie mucho. Su esperanza es que él se gradúe del colegio secundario, que haga carrera, quizá como ingeniero. Se imagina a su hijo trabajando con una camisa impecable y zapatos lustrados. Le dice que lo ama.

Enrique se aferra a su padre, Luis, que lo trata con cariño. El padre lo lleva a sus trabajos como albañil y deja que el niño lo ayude a mezclar la argamasa. Duerme con él, le trae ropa y manzanas. Viven con la abuela paterna de Enrique, María Marcos. Cada mes que pasa, Enrique extraña menos a su madre, pero no la olvida. "¿Cuándo viene por mí?", pregunta. "Pronto volverá a casa", le asegura su abuela. "No te preocupes. Regresará".

Pero su madre no regresa. El desconcierto de Enrique se torna en confusión y luego en enojo. Su desaparición es incomprensible para él.

Para el Día de la Madre, Enrique hace una tarjeta en forma de corazón en la escuela y se la da a María. En la tarjeta ha escrito: "Abuelita, te quiero mucho".

Pero ella no es su madre.

Enrique mira por sobre las colinas hacia su antiguo vecindario. Allí vive Belky con la familia de Lourdes. Enrique vive a seis millas de distancia. Echa de menos a su hermana. Se ven muy poco, pero cada uno reconoce el dolor del otro.

Para Belky, la desaparición de su madre es igual de dolorosa. Ella vive con su tía Rosa Amalia, una hermana de Lourdes.

"A veces me siento tan sola al despertar", le dice Belky a la tía Rosa Amalia. Belky es temperamental. A veces no habla con nadie. Cuando está de humor sombrío, su abuela advierte a los otros niños de la casa: "¡Pórtense bien que la marea anda brava!".

El Día de la Madre, Belky llora en silencio, sola en su habitación. Soporta con dificultad los festejos en la escuela. Luego se regaña. Debería agradecer que su madre se haya marchado. Sin el dinero que ella manda para libros y uniformes, Belky no podría siquiera asistir a la escuela. Recuerda todas las cosas que su madre envía al sur: zapatos deportivos Reebok, sandalias negras, el oso amarillo y el perrito rosa de peluche que están sobre su cama. Se desahoga con una amiga cuya madre también se ha ido a los Estados Unidos. Ambas conocen a otra niña cuya madre ha muerto de un paro cardíaco. Al menos, dicen, nuestras madres están vivas.

Rosa Amalia piensa que Belky y Enrique tienen profundos trastornos afectivos a causa de la separación. A su juicio, ambos se debaten ante una pregunta sin respuesta: ¿Qué puedo valer yo si mi propia madre me ha dejado?

LA ABUELA MARÍA

El padre de Enrique tiene una novia nueva. Para ella, Enrique es una boca más para alimentar, un malgasto de dinero. Una mañana, la mujer derrama chocolate caliente sobre Enrique y lo quema. Luis la echa de la casa.

Pero la separación es breve.

"Mamá, sólo puedo pensar en esta mujer", le dice Luis a la abuela María.

El padre de Enrique se baña, se viste, se pone agua de colonia y se va con su novia. Arregla para irse a vivir con ella dejando a Enrique con la abuela María. Cuando Luis se va, Enrique lo persigue. Le ruega a su padre que lo lleve con él. Pero Luis se rehúsa. Le dice a Enrique que regrese a casa.

El padre forma una nueva familia. Enrique lo ve poco, casi siempre por casualidad. Con el correr del tiempo, su amor se vuelve odio. "No nos quiere. Quiere a los hijos que tiene con su esposa", le dice a Belky. "Yo no tengo padre".

El padre se da cuenta. "Me mira como si no fuera mi hijo, como si quisiera estrangularme", le comenta a la abuela. Luis llega a la conclusión de que casi toda la culpa es de Lourdes. "Ella prometió regresar".

Enrique y su abuela María viven en una choza diminuta de treinta pies por lado en Carrizal, uno de los barrios más pobres de Tegucigalpa. La abuela María construyó la choza ella misma con tablones de madera. La luz se cuela por las rendijas. La choza tiene cuatro habitaciones, tres de ellas sin electricidad. No hay agua corriente. El techo de hojalata emparchada tiene canaletas para la lluvia que desaguan en dos barriles. Un hilo turbio y blancuzco de aguas residuales pasa por delante del portón de entrada. La letrina es un hoyo de cemento que hay afuera. Al lado hay baldes para bañarse. Dos o tres veces por semana, Enrique acarrea desde el pie de la colina hasta su casa dos baldes llenos de agua potable, uno en cada hombro.

La abuela María cocina plátanos, fideos y huevos frescos para la cena. Cada tanto, mata un pollo y lo guisa para Enrique. A cambio, Enrique le frota la espalda con medicina cuando ella está enferma y le trae agua a la cama.

Por lo general, Lourdes le envía a Enrique 50 dólares por mes. Si el mes fue bueno, puede llegar a enviar hasta 100 dólares. Si el mes fue malo, no manda nada. El dinero alcanza para comida pero no para útiles escolares y ropa, que son caros en Honduras. Nunca hay suficiente para un regalo de cumpleaños. Pero la abuela María abraza a Enrique con alegría y le dice: ¡Feliz cumpleaños!

❖ ❖ ❖

A Enrique le gusta mucho trepar al árbol de guayabas de su abuela, pero ya no hay tiempo para juegos. A los diez años, Enrique ya tiene edad para trabajar. "Tu madre no puede mandarnos suficiente dinero, así que los dos tenemos que trabajar", dice la abuela María.

En una piedra gastada allí cerca, la abuela María lava la ropa usada que vende de puerta en puerta.

Después de clases, Enrique sale con un balde colgado del brazo a vender tamales y bolsitas de zumo de frutas. "¡Tamarindo! ¡Piña!", pregona.

En una estación de servicio cercana, Enrique se abre paso entre los vendedores de mangos y aguacates para ofrecer copitas con fruta cortada a los transeúntes. Va solo en autobús a un mercado al aire libre. Allí, llena bolsitas con nuez moscada, curry, páprika y luego las sella con cera caliente. "¿Va a querer especias?", pregona. Como no tiene licencia de vendedor ambulante, está siempre en movimiento, refugiándose entre los carromatos repletos de papayas por si la policía anda cerca.

En la acera hay niños más pequeños, de cinco o seis años, que acometen a los transeúntes con puñados de chiles y tomates. A cambio de una propina, otros niños se ofrecen a cargar las compras de fruta y verdura de un puesto a otro en rústicas carretillas de madera. "¿Le ayudo?", les preguntan a los que van a comprar.

Entre venta y venta, algunos de los jovenzuelos que trabajan en el mercado aspiran pegamento.

Enrique anhela oír la voz de Lourdes. El único pariente que tiene teléfono es una prima de su mamá. Como Enrique vive al otro lado de la ciudad, pocas veces tiene la suerte de estar allí cuando Lourdes llama. Lourdes llama poco. Hubo un año en que no llamó ni una vez.

Mejor enviar dinero que malgastarlo en llamadas telefónicas, responde Lourdes. Pero hay otro motivo para no llamar:

su vida en los Estados Unidos no se parece en nada a las imágenes que había visto por televisión en Honduras. La avergüenza revelar las privaciones que sufre.

Lourdes duerme en el piso de un dormitorio que comparte con otras tres mujeres. Santos, su novio de Honduras, se reúne con ella. Santos es albañil. Vivir juntos es más barato que pagar la renta ella sola. Lourdes calcula que, viviendo con Santos, en dos años podrá ahorrar lo suficiente para traer a sus hijos. Si no, se volverá a Honduras con lo que haya ahorrado para construirse una casita y una tienda de comestibles en una esquina.

Lourdes queda embarazada sin quererlo. Pasa un embarazo difícil trabajando todo el día en una helada planta frigorífica de pescado, donde su tarea es pesar y empacar salmón y bagre. A las cinco de la madrugada de una mañana de verano, Lourdes rompe bolsa. Se le dispara la temperatura a 105 grados Fahrenheit. Delira.

"¡Que venga mi madre! ¡Que venga mi madre!", gime Lourdes en la cama de un hospital.

Le cuesta respirar. Una enfermera le coloca una máscara de oxígeno.

Lourdes da a luz a una niña, Diana.

Santos no aparece por el hospital. No contesta el teléfono del apartamento. Se ha ido a un bar a emborracharse.

Lourdes se va del hospital sola, vistiendo solamente una bata desechable de papel azul. Ni siquiera tiene una muda de ropa interior. Se sienta a sollozar en la cocina de su apartamento, anhelando estar con sus hijos en Honduras, con su madre, su hermana, cualquier persona conocida. Siente una añoranza insoportable.

Lourdes se lastima trabajando en el frigorífico y la despiden. El dinero no alcanza.

Santos bebe cada vez más. No la ayuda con la bebé. Últimamente se pone celoso y violento cuando está borracho.

"No voy a aguantar esto", piensa Lourdes. Las peleas se agravan.

Santos va de visita a Honduras. Promete invertir allí el poco dinero que han ahorrado.

En lugar de eso, se gasta el dinero en una larga borrachera con una quinceañera del brazo. No vuelve a llamar a Lourdes. Unos amigos en común le cuentan a Lourdes que, poco tiempo después de haber regresado a California, Santos y otros trabajadores latinoamericanos cayeron en una redada de agentes de inmigración estadounidenses. Santos ha sido deportado a Honduras pero está decidido a volver a los Estados Unidos. Nunca llega. Ni su madre en Honduras sabe qué le ha pasado. Tiempo después, Lourdes llega a la conclusión de que ha muerto en México o se ha ahogado en el río Grande.

Lourdes no puede pagar ella sola el alquiler y las cuotas del automóvil. Se muda con Diana, que ya tiene dos años de edad, a un garaje que ha sido transformado en "apartamento". No hay cocina. Madre e hija comparten un colchón tendido sobre el piso de cemento. El techo gotea, el garaje se inunda y las babosas trepan por el borde del colchón. Lourdes no siempre tiene dinero para leche y pañales, ni para llevar a su hija al médico cuando se enferma. A veces viven de la beneficencia pública, que paga atención médica y alimentos a los indigentes.

En el barrio hay tiroteos. Un pequeño parque cerca del garaje es lugar de reunión para pandilleros. Cuando Lourdes regresa a casa a medianoche, se le acercan para pedirle dinero. Ella les da tres dólares, a veces cinco, para que la dejen en paz. Si ella muere, ¿qué será de sus hijos?

Desempleada y sin posibilidad de enviar dinero a sus hijos que están en Honduras, Lourdes acepta el único empleo disponible: "fichera" en un bar de Long Beach llamado El Mar Azul Bar #1. El trabajo de fichera consiste en sentarse junto a la barra, conversar con los parroquianos y animarlos a que sigan comprando tragos escandalosamente caros. El primer día siente una vergüenza espantosa. Se imagina a sus hermanos sentados junto a la barra, juzgándola. ¿Y si alguien la reconoce en el bar y se entera su madre? Lourdes se sienta en la esquina más oscura del bar y llora. ¿Qué hago aquí?, se pregunta. ¿Esto va a ser mi vida?

Durante nueve meses, pasa noche tras noche escuchando pacientemente a los borrachos hablar de sus problemas, de cómo echan de menos a las esposas e hijos que han dejado en México.

Una amiga la ayuda a conseguir otros empleos: de día limpia casas particulares y oficinas, de noche vende gasolina y cigarrillos en una estación de servicio. Lourdes deja a Diana en la escuela a las siete de la mañana, limpia todo el día, la recoge a las cinco de la tarde y la deja con una niñera para volver a trabajar hasta las dos de la madrugada. Luego de eso pasa a buscar a Diana y se desploma sobre la cama. Tiene cuatro horas para dormir.

Algunos de los dueños de casa para quienes trabaja son bondadosos. Una mujer de Redondo Beach siempre le cocina un almuerzo y se lo deja sobre la estufa de la cocina. Otra mujer le dice: "Come lo que quieras, allí está el refrigerador".

Lourdes les dice a ambas: "Que Dios la bendiga".

Otros parecen deleitarse humillándola. Una mujer rica le exige que friegue de rodillas los pisos de la cocina y la sala en lugar de usar el trapeador. Los líquidos de limpieza le despellejan las rodillas, que a veces sangran. El trabajo también agrava su artritis. Algunos días camina como una anciana.

La mujer nunca le ofrece ni un vaso de agua.

No obstante, hay meses buenos en los que puede ganar 1.000 o 1.200 dólares limpiando casas y oficinas. Lourdes toma otros empleos, como el de la fábrica de caramelos que pagaba 2,25 dólares la hora. Además del dinero que le manda a Enrique, Lourdes también envía dinero cada mes para su mamá y para Belky, 50 dólares para cada una.

Cuando puede girar dinero se siente feliz. Lo que más teme es no poder mandar dinero cuando falta trabajo. Así no tiene sentido que esté en los Estados Unidos, tan lejos de su casa.

Para sus hijos, el dinero que gira Lourdes no compensa su ausencia. Belky está furiosa con la noticia de la nueva bebita, Diana. Teme que su madre pierda interés en ella y Enrique ahora que tiene otra hija. Además, por cuidar de Diana, Lourdes gastará el dinero que debería ahorrar para reunirse con ellos en Honduras.

Para Enrique, la tensión se agrava con cada llamada telefónica. Las conversaciones son breves y tirantes.

"¿Cuándo regresa usted a casa?", pregunta Enrique. Lourdes evita responder directamente y sólo le dice que muy pronto estarán juntos otra vez.

Por primera vez, Enrique tiene una idea: Si ella no viene, pues entonces quizá él pueda ir a ella. Ni él ni su madre se dan cuenta aún, pero la semilla de esa idea echará raíz. De allí en más, cada vez que Enrique habla con Lourdes se despide diciéndole: "Quiero estar con usted".

"Volvé a casa", le ruega a Lourdes su propia madre. "Aunque sólo sean frijoles, aquí siempre tenés comida". A Lourdes, el orgullo le impide regresar. ¿Cómo puede justificar haber dejado a sus niños si regresa con las manos vacías?

Lourdes se propone obtener la residencia en los Estados Unidos para enviar por sus niños de manera legal. En total, gasta 3.850 dólares para contratar los servicios de tres gestores de inmigración que prometen ayudarla. Pero los gestores no cumplen, o son estafadores que le roban el dinero.

Lourdes se castiga por no haber aceptado salir con un estadounidense que la invitó hace mucho tiempo. Podría haberse casado con él, quizá ahora sus hijos estarían con ella . . .

Lourdes considera seriamente contratar a un contrabandista para que traiga a los niños, pero la asusta el peligro. Los "coyotes" suelen ser alcohólicos o drogadictos. No puede imaginarse confiar a Enrique y Belky a las manos de un extraño. Su propio contrabandista la abandonó.

Constantemente ocurren cosas que le recuerdan el riesgo

del viaje. Una de sus mejores amigas en Los Ángeles paga a un contrabandista para que traiga a su hermana de El Salvador. Durante la travesía, la hermana llama con regularidad para tenerlos al tanto de su avance por México. Las llamadas cesan abruptamente.

Dos meses más tarde, la amiga de Lourdes se pone en contacto con un hombre que viajaba al norte con ese mismo grupo. El bote para cruzar a México iba sobrecargado. La embarcación se dio vuelta. Todos se ahogaron menos cuatro. Algunos cuerpos fueron arrastrados por el mar. A otros, entre los que estaba la hermana desaparecida, los enterraron en la playa. Cuando exhuman el cadáver de la muchacha en una playa mexicana, todavía lleva puesto su anillo de graduación de la escuela secundaria.

Otra amiga entra en pánico cuando la Patrulla Fronteriza atrapa a su hijo de tres años durante el cruce a los Estados Unidos con un contrabandista. Por una semana, la amiga de Lourdes no sabe qué ha sido de su niño.

A Lourdes, lo que la toca más de cerca es la desaparición de su ex novio, Santos.

¿Estoy dispuesta a arriesgar sus vidas para tenerlos conmigo?, se pregunta Lourdes. Además, no quiere que ni Belky ni Enrique vengan a California. Hay demasiadas pandillas, drogas y delincuencia.

Más allá de los peligros, Lourdes no tiene dinero para pagarle a un contrabandista. El coyote más barato cobra 3.000 dólares por niño. Un coyote de primera trae al niño en avión por 10.000 dólares. Lourdes debe ahorrar lo suficiente como para traer a sus dos hijos al mismo tiempo. Si no, el que quede en Honduras pensará que ella lo ama menos.

Enrique se desespera. Va a tener que arreglárselas solo. Irá en su busca. Viajará de polizonte en los techos de los trenes; ha oído que eso hacen muchos que migran hacia los Estados Unidos. "Quiero ir", le dice a su madre.

"Ni de broma", contesta ella. "Es demasiado peligroso. Tené paciencia".

2

LA REBELIÓN

Lourdes vende sus pertenencias. En California hay tantos inmigrantes que los patrones pagan poco y los tratan mal. Ni con dos trabajos puede ahorrar.

Ella quiere volver a empezar en los Estados Unidos. Se muda con Diana a Carolina del Norte. Allí consigue pronto un trabajo como mesera en un restaurante mexicano. Alquila una habitación en una casa-remolque por sólo 150 dólares al mes, la mitad de lo que pagaba en California.

Aquí la gente no es tan hostil. Puede dejar su coche, y hasta su casa sin llave. Y conoce a un hombre. Es un pintor de casas hondureño y planean vivir juntos. Él también tiene dos hijos en Honduras. Es un hombre amable, afectuoso, callado y de buenos modales. Es distinto a los padres de sus hijos. La ayuda a sobrellevar su soledad. La lleva con Diana al parque los domingos. Cuando Lourdes trabaja en dos restaurantes, él pasa por ella al final del segundo turno para estar un rato juntos. Se tratan uno al otro de *"honey"*. Se enamoran.

El dinero que gira Lourdes es una ayuda para Enrique, y él lo sabe. Los regalos llegan con regularidad. Le manda a Enrique una polo color naranja, un par de pantalones azules y un reproductor de casetes con radio. Enrique sabe bien dónde estaría si ella no se hubiese marchado: hurgando en el basural que está en la colina al otro lado de la ciudad. Lourdes también lo sabe; de niña le ha tocado escarbar entre los desperdicios del basural donde niños de seis o siete años chapoteaban en un cieno resbaladizo y maloliente bajo una nube negra de buitres que sobrevolaban el basural. Ella y otros revolvían desesperadamente entre las pilas de desechos buscando un trozo de pan viejo y mohoso o algún pedacito de plástico u hojalata para vender.

Enrique ve a otros niños que se ven obligados a hacer trabajos pesados. A una cuadra de donde Lourdes se crió, unos niños descalzos se trepan a una pila de aserrín que ha dejado un aserradero. Con las caritas sucias, usan latas oxidadas para volcar el aserrín en grandes bolsas de plástico blancas. Arrastran las bolsas media milla cuesta arriba por una colina. Allí venden el aserrín, que las familias usan para encender el fuego o para secar el lodo alrededor de las casas. Un niño de once años lleva tres años cargando aserrín, haciendo tres viajes por día hasta lo alto de la colina. Con lo que gana, se compra ropa, zapatos y papel para la escuela.

Lourdes está orgullosa de que su dinero paga la matrícula

del colegio secundario privado al que va Belky, y más adelante la de la universidad, donde su hija estudiará contabilidad. En un país donde la mitad de la población vive con un dólar por día o menos, los niños de los barrios pobres casi nunca llegan a la universidad.

En un jardín de infancia cerca del barrio donde se crió la madre de Enrique, cada mañana llegan cincuenta y dos niños. Cuarenta y cuatro llegan descalzos. Una asistente le da a cada niño un par de zapatos que saca de un canasto. A las cuatro de la tarde, antes de irse, los niños deben regresar los zapatos a la canasta. Si se los llevan a casa, las madres los venderán para comprar comida.

A la hora de la cena, las madres cuentan las tortillas y le dan tres a cada niño. Si no hay tortillas, tratan de llenarles el estómago dándoles un vaso de agua mezclada con una cucharada de azúcar.

Enrique sabe que, si no fuera por el dinero que manda Lourdes, él sería uno de esos niños. Aun así, piensa que sería mejor estar con su madre que tener el dinero y los regalos que ella le manda.

Lourdes quiere darles una esperanza a sus hijos. "Regreso para Navidad", le dice a Enrique.

Cuando Enrique sueña con la llegada de su madre en diciembre, la ve en la puerta con una caja de zapatos deportivos Nike para él. "Quédese", le ruega. "Viva conmigo". Le promete que cuando sea más grande la ayudará a trabajar y ganar dinero.

Llega Navidad y Enrique espera junto a la puerta. Ella no

viene. Cada año le promete lo mismo. Cada año lo decepciona y su enojo va en aumento. "La necesito. Me hace falta", le dice a su hermana. "Quiero estar con mi mamá. Veo a tantos niños con sus mamás. Eso quiero yo".

Cuando Lourdes le dice una vez más que regresará a casa, él responde con sarcasmo. "Sí, va pues". Enrique percibe algo cierto: muy pocas madres vuelven. Le dice a Lourdes que no cree que vaya a regresar. Por dentro piensa que todo es una gran mentira.

La ira de Enrique se desborda. En la escuela se niega a hacer la tarjeta del Día de la Madre. Golpea a otros niños y levanta las faldas de las niñas. Cuando una maestra trata de disciplinarlo golpeándolo con una regla, Enrique agarra el extremo de la regla y no lo suelta hasta que la maestra se pone a llorar.

Se trepa al escritorio de la maestra y grita: "¿Quién es Enrique?".

Y la clase contesta: "¡Vos!".

Lo suspenden tres veces. Repite de grado dos veces. Pero cumple la promesa que ha hecho de estudiar. A diferencia de la mitad de los niños de su barrio, Enrique termina la escuela primaria. Hay una pequeña ceremonia de graduación. Una maestra abraza a Enrique y susurra: "Gracias a Dios, Enrique se nos va". Enrique se para erguido y orgulloso con su toga azul y su birrete. Pero nadie de la familia de su madre acude a la graduación.

Enrique es menudito, no llega a los cinco pies de estatura aun cuando endereza la espalda levemente encorvada. Tiene una sonrisa amplia y dientes perfectos.

Para compensar su sentimiento de vulnerabilidad debido en parte a que no tiene padres que lo protejan, Enrique cultiva una imagen de bravucón. Pasa más tiempo en las calles de Carrizal, que se está volviendo rápidamente uno de los barrios más peligrosos de Tegucigalpa. Su abuela le dice que vuelva a casa temprano, pero él juega al fútbol hasta la medianoche.

Enrique ha cumplido catorce años, es un adolescente. Se niega a vender especias. Le da vergüenza que las muchachas lo vean ofreciendo copitas de fruta o que lo llamen "el tamalero".

Cuando va camino a la iglesia con su abuela María, esconde la Biblia bajo su camisa para que nadie sepa adónde van. Pronto deja de ir a la iglesia.

A veces, cuando Enrique está en la cama y no puede eludir el castigo, la abuela le pega con un cinturón. Le asesta un golpe por cada vez que se ha portado mal.

"No te juntés con muchachos malos", advierte la abuela.

"Usted no es quién para escoger a mis amigos", replica Enrique. "Usted ni siquiera es mi madre". Enrique sigue llegando tarde a casa.

La abuela lo espera despierta, llorando. "¿Por qué me hacés esto?", le pregunta a su nieto. "¿Acaso no me querés? Te voy a mandar a vivir a otro lado".

"¡Hágalo, pues! Si a mí nadie me quiere".

Ella le dice que sí lo quiere, que todo lo que desea es que trabaje y que sea honrado para poder andar con la cabeza en alto.

Pero el resto de la familia de la abuela María dice que Enrique debe irse a otro lado: la abuela tiene setenta años y él trae demasiados problemas como para que lo pueda criar una mujer de su edad. María sabe que su familia tiene razón. Llena de tristeza, le escribe a Lourdes: tendrá que encontrarle a Enrique otro lugar donde vivir.

Para Enrique, esto es un rechazo más. Primero su madre, luego su padre y ahora su abuela María.

Lourdes arregla para que Enrique sea acogido en casa de su hermano mayor, Marco Antonio Zablah. Hace años, Marco acogió a Lourdes cuando la madre de ambos no podía alimentarla a ella y a sus otros hermanos.

Enrique todavía echa muchísimo de menos a Lourdes, pero el tío Marco y su mujer lo tratan bien. Marco se gana bien la vida como cambista en la frontera de Honduras. Le pagan por cambiar divisas. La familia de Marco, que tiene un hijo propio, vive en una casa confortable de cinco dormitorios en un barrio de clase media de Tegucigalpa. El tío Marco le da a Enrique algo de dinero cada día, le compra ropa y lo inscribe en una academia militar privada en el turno de la noche.

El tío Marco se ocupa de Enrique igual que de su propio hijo. Juegan al billar y miran películas juntos. Igual que su madre, Enrique ve por televisión los imponentes edificios de Nueva York, las luces fulgurantes de Las Vegas, el castillo mágico de Disneylandia.

El tío Marco confía en Enrique hasta para hacer mandados en el banco. Le dice a Enrique: "Quiero que trabajes conmigo para siempre". Enrique siente que el tío Marco lo quiere y valora sus consejos.

Pero andar con dinero en efectivo es peligroso en un lugar

donde el dinero escasea. Un día, matan a un guardia de seguridad que trabaja para el tío Marco después de una compraventa de lempiras hondureñas. A raíz de la muerte del guardia, Marco jura no volver a cambiar dinero. No obstante, meses más tarde atiende una llamada. A cambio de una buena comisión ¿está dispuesto a cambiar una suma equivalente a 50.000 dólares en lempiras en la frontera con El Salvador? El tío Marco promete que lo hará por última vez.

Enrique quiere ir con él, pero el tío Marco le dice que aún es muy joven. En vez de llevar a Enrique, Marco va con Víctor, uno de sus hermanos. Los asaltantes acribillan el vehículo en el que viajan los tíos, que se sale de la carretera. Marco recibe tres balazos en el pecho y uno en la pierna. A Víctor le dan un balazo en la cara.

En nueve años, Lourdes ha ahorrado 700 dólares para traer a sus hijos a los Estados Unidos. En lugar de eso, los usa para ayudar a pagar los funerales de sus hermanos. Marco la visitó una vez, poco después de su llegada a California. A Víctor no lo ha visto desde que se marchó de Honduras.

Lourdes toca fondo. Furiosa, jura no volver a Honduras. ¿Cómo vivir en un lugar sin ley? Matan a la gente como si fueran perros. Ahora, la única forma de que regrese es por la fuerza, si la deportan.

Poco después de la muerte de sus hermanos, los agentes de inmigración allanan el restaurante donde trabaja Lourdes. Todos los empleados caen en la redada. Sólo se salva Lourdes. Era su día libre.

OTRA VEZ A LA DERIVA

En Honduras, a pocos días de la muerte de los dos hermanos, la mujer del tío Marco vende el televisor, el estéreo y el Nintendo de Enrique. Todo se lo había regalado Marco. Sin explicar por qué, le dice "Ya no te quiero aquí". Saca su cama a la calle.

Con quince años cumplidos, Enrique recoge su ropa y se va a la casa de su abuela materna, Águeda Amalia Valladares. "¿Puedo quedarme aquí?", pregunta.

Este fue su primer hogar, la casita de estuco donde vivió con Lourdes hasta que ella bajó el escalón del portal y se marchó. Su segundo hogar fue la choza de madera donde vivió con su padre y su abuela paterna, hasta que el padre encontró una nueva mujer y se fue. Su tercer hogar fue la casa confortable del tío Marco.

Ahora ha regresado al lugar de donde había salido. En la casa viven otras siete personas: su abuela Águeda, dos tías y cuatro primitos. Son pobres. Sin embargo, la abuela Águeda recibe a Enrique en su casa.

Toda la familia está devastada por las muertes del tío Marco y el tío Víctor. Enrique se vuelve callado y retraído. No regresa a la escuela. Comparte una recámara con su tía Mirian. Una noche, ella se despierta a las dos de la madrugada. Enrique está sollozando en silencio, acunando un retrato del tío Marco en sus brazos. Su tío lo quería. Sin ese amor, está perdido.

LA MUCHACHA DE AL LADO

En el funeral de Marco y Víctor, Enrique repara en una muchacha tímida de largo cabello castaño ondulado. Ella vive en la casa de al lado con su tía. Tiene una sonrisa dulce, un modo cálido. Al principio, Enrique le cae mal a María Isabel. Ella tiene diecisiete años, dos más que Enrique. Le parece que Enrique es un engreído. Él insiste. Silba bajito cuando la ve pasar, buscando entablar una conversación. Ella no le hace caso. Cuanto más ella lo rechaza, más la desea él. Le encanta su risita aniñada, cómo rompe a llorar por cualquier cosa. Detesta que coquetee con otros muchachos. Enrique ahorra dinero y le compra rosas, lociones, un osito de peluche, chocolates. La acompaña a su casa después de las clases nocturnas en la escuela que está a dos cuadras. Poco a poco, María Isabel empieza a mirarlo con otros ojos.

La tercera vez que Enrique le pregunta si quiere ser su novia, por fin ella dice que sí.

Enrique y María Isabel se comprenden mutuamente, se conectan. Ella también ha ido pasando de casa en casa durante toda su infancia, y está separada de sus padres.

María Isabel se crió con su madre, Eva, en una choza prestada en una ladera de Tegucigalpa. Al igual que la madre de Enrique, Eva había dejado a un marido infiel. Le costaba alimentar a sus hijos.

En la choza dormían nueve personas. Para que entraran todos, tenían que dormir con los pies de uno junto a la cabeza del otro.

Los vecinos querían mucho a María Isabel, que era dulce, cariñosa y sonriente. Ella se ofrecía a ayudarlos con los quehaceres y a limpiar. Con sólo diez años de edad, ya trabajaba duro y era luchadora.

María Isabel afirma: "Mirá, yo por pereza no me muero de hambre".

María Isabel terminó el sexto grado. Su madre colgó con orgullo el diploma en la pared de la choza. Sabía que su hija era buena alumna, pero no tenía dinero para mandarla a la escuela secundaria. Eva nunca fue a la escuela; a los doce años empezó a vender pan con una cesta en la cabeza.

A los dieciséis años de edad, María Isabel se mudó al otro lado de la ciudad a vivir con su tía Gloria, justo al lado de la abuela materna de Enrique. La casa de Gloria es modesta, pero para María Isabel la casa de dos dormitorios es maravillosa. Además, Gloria es menos estricta y de vez en cuando la deja salir de noche para que vaya a un baile, a una fiesta o a la feria anual del municipio. Eva no quería ni oír hablar de esas cosas porque temía las habladurías de los vecinos sobre la moral de su hija.

Una prima le promete a María Isabel llevarla a una charla sobre anticonceptivos. Ahora que está de novia con Enrique, María Isabel quiere prevenir un embarazo. Enrique está desesperado por dejarla embarazada. Piensa que si tienen un hijo juntos, María Isabel nunca lo dejará.

EL INFIERNITO

Muy pronto, la abuela Águeda pierde la paciencia con Enrique. Se enoja cuando Enrique vuelve tarde y despierta a toda la casa.

Enrique ha empezado a frecuentar un barrio conocido como El Infiernito, donde algunas viviendas son tiendas hechas con harapos cosidos. El barrio está controlado por la Mara Salvatrucha, o MS, que controla las calles en muchos lugares de Centroamérica y México. Aquí en El Infiernito, los hombres cargan *chimbas,* pistolas hechas con caños de plomería, y beben *charamila,* elaborada con alcohol metílico diluido. Se dedican a asaltar a pasajeros de autobús o a los que salen de la iglesia después de misa.

Enrique y su amigo José del Carmen Bustamante, de dieciséis años, se aventuran a entrar en El Infiernito. Compran marihuana y se apresuran a irse porque El Infiernito es peligroso. Se sientan afuera de un salón de billar y oyen la música que se filtra por la puerta abierta. Últimamente se les ha dado por inhalar pegamento hasta altas horas de la noche, "colocándose" con los vapores.

Hablan de viajar hacia *el norte* en los techos de los trenes. En el estupor de la marihuana, a Enrique lo de los trenes le suena a aventura. No le preocupan ni las balas de los agentes de la migra ni los bandidos que esperan para atacarlo. Él y José deciden probar suerte muy pronto.

Enrique trata de ocultar su vicio para que no se enteren su abuela y María Isabel.

Un día, María Isabel tropieza con él al doblar una esquina. El vaho la golpea. Enrique huele como una lata de pintura abierta.

"¿Qué es eso?", pregunta, asqueada por el vaho que despide. "¿Estás drogado?"

"¡No!".

Una vez, Mirian se despierta en medio de la noche. Oye un crujir de plástico y siente un fuerte olor químico. En la penumbra, alcanza a ver a Enrique en su cama, jadeando con la boca cubierta por una bolsa. Está aspirando pegamento.

Es la gota que colma el vaso. La familia echa a Enrique de la casa y lo manda a vivir a un cobertizo que hay atrás. Antes, la abuela Águeda cocinaba allí sobre un fogón. Las paredes y el techo están negras de tizne. La única ventana no tiene cristales, sólo barrotes como una celda, y no hay electricidad.

Ahora que vive solo, Enrique puede hacer lo que le dé la gana. Si pasa la noche fuera, a nadie le importa. Para él, que lo hayan echado es un rechazo más.

María Isabel lo ve cambiar. Por la droga, su boca se pone húmeda y pegajosa. Anda inquieto y nervioso. Tiene los ojos enrojecidos; a veces se le ponen vidriosos y entrecerrados. En otras ocasiones parece borracho. Cuando está bajo el efecto de la droga, está callado, somnoliento y distante. Cuando se le pasa abruptamente el efecto, se agita y se pone de mal humor. A veces alucina que alguien lo persigue. Durante un período particularmente malo de dos semanas, no reconoce a miembros de su familia. Le tiemblan las manos. Al toser escupe flema negra.

La abuela Águeda le señala a un vecino de piel pálida y escamosa que lleva diez años inhalando pegamento. El hombre ya no puede mantenerse parado. "¡Mirá! Así vas a acabar vos!".

Drogo, lo llama una de sus tías.

UN INTENTO PARA PROBAR SUERTE

Cuando Enrique cumple dieciséis años, él y José intentan trepar a los trenes por primera vez.

Para llegar a los Estados Unidos, Enrique deberá viajar hacia el norte, cruzando Honduras, Guatemala y luego México. Eludiendo guardias, Enrique y José llegan hasta Tapachula, la estación de tren más al sur que hay en México. La policía los detiene justo antes de que puedan llegar a las vías. Enrique ruega que no los deporten a él y a José a Guatemala. Si eso ocurre, tendrían que volver a escabullirse por la frontera mexicana. Los agentes los despojan de lo que llevan, pero por fortuna no los arrestan.

Enrique y José ven otro tren. Alcanzan a encaramarse a bordo cuando va saliendo de la estación de Tapachula. José está aterrorizado. Enrique se siente audaz; salta de vagón en vagón del tren que avanza lento. Resbala y se cae—lejos de las vías, por suerte—y aterriza sobre su mochila mullida en la que lleva una camisa y un pantalón de muda.

Se trepa a bordo nuevamente. Pero el viaje se interrumpe de manera humillante. Cerca de Tierra Blanca, un pueblo en el estado de Veracruz en el centro-sur de México, las autoridades los pillan en el techo del tren. Esta vez los agentes no están para sobornos. Los meten en una celda llena de pandilleros de la Mara Salvatrucha y los deportan. Enrique está cojo y maltrecho por la caída del tren, y echa de menos a María Isabel.

Enrique y José regresan a Centroamérica en lo que los migrantes llaman el Bus de Lágrimas. El autobús lleva a los migrantes al otro lado del río Suchiate hasta el tosco pueblo de El Carmen. El río marca la frontera entre Guatemala y México igual que el río Grande marca la frontera entre México y los Estados Unidos. Los autobuses hacen hasta ocho viajes por día, deportando hasta cien mil infelices pasajeros por año.

LA DECISIÓN

Es enero del año 2000. Enrique se ha hundido aun más en la drogadicción. Le promete a María Isabel que dejará las drogas. Está harto de sentirse fuera de control. Tiene deudas con traficantes de drogas y vive con miedo constante porque lo han amenazado de muerte. Lo atrapan robando las joyas de la tía Rosa Amalia. Las iba a vender para pagarle la deuda al traficante.

La tía Rosa Amalia se enfurece. Su esposo, Carlos, comprende que su sobrino está en problemas. No quiere que Enrique vaya a la cárcel, sólo que se encamine. Le consigue un trabajo en un taller de llantas. Habla con los parientes para que demuestren su amor por Enrique. Deben tenerle paciencia.

Para Enrique, dejar las drogas es más difícil de lo que imaginaba. Vuelve a las andanzas. Intenta drogarse menos, pero luego recae. Cada noche regresa a casa más tarde. María Isabel le ruega que no vaya a la colina donde inhala pegamento, pero él va igual. Siente asco de sí mismo. Anda zaparrastroso, su vida se le está yendo de las manos.

Hasta la hermana y la abuela de Enrique le han aconsejado a María Isabel que lo deje, que busque a alguien mejor. "¿Qué le ves? ¿No te das cuenta de que se droga?", le preguntan.

María Isabel trata de darle apoyo. Cuando pasan por los lugares que él frecuenta para drogarse, le estrecha la mano con la esperanza de que eso lo ayude. "¿Por qué no dejás los vicios?", pregunta María Isabel. "Es difícil", contesta él en voz baja.

Cuando está con Enrique, María Isabel se olvida de sí misma. A pesar de sus defectos, no puede dejarlo. Es machista y testarudo. Cuando pelean, él le retira la palabra. Es ella quien debe romper el hielo. Casi siempre, ella cede. Enrique es su tercer novio pero su primer amor. También es un refugio para sus propios problemas. El hijo de su tía Gloria es alcohólico. Avienta cosas. Roba. Con Enrique, ella se escapa de las peleas que hay en su propia casa.

A Enrique lo carcome la vergüenza. Se siente culpable por lo que le ha hecho a su familia y lo que le está haciendo a María Isabel. En un momento de claridad mental, le dice a su hermana Belky que sabe lo que tiene que hacer. Va a ir en busca de su madre. Ella es su salvación.

María Isabel le ruega que se quede. Puede ser que esté embarazada. Le dice a Enrique que se irá a vivir con él al cobertizo de piedra. No lo va a abandonar. Pero Enrique teme que acabará en la calle o muerto si se queda en Honduras. Su propia familia está harta de él. Dicen que Enrique ensucia el nombre de la familia, que es lo único que tienen.

La tía Ana Lucía, hermana de Lourdes, le habla con palabras hirientes.

"¿De dónde venís, vago?", pregunta Ana Lucía cuando Enrique entra por la puerta. "Venís a casa a comer, ¿eh?".

"¡Cállese que a usted no le he pedido nada!".

"¡Sos un vago viejo! ¡Un drogadicto! Nadie te quiere por aquí". Todos los vecinos la oyen gritar. "Esta no es tu casa. ¡Andá con tu madre!".

En voz baja, Enrique le ruega a su tía que se calle. Por fin estalla y le da a Ana Lucía dos fuertes puntapiés en el trasero. Ella se pone a chillar.

La abuela Águeda sale corriendo de la casa, empuña un palo y amenaza con golpear a Enrique si vuelve a tocar a Ana Lucía.

"¡Nadie piensa en mí!", grita Enrique, alejándose.

Ahora, hasta su abuela quiere que se vaya a los Estados Unidos. Enrique está dañando a la familia y se está haciendo daño a sí mismo. "Allí va a estar mejor", dice.

LA DESPEDIDA

Enrique decide que emprenderá solo el viaje a los Estados Unidos. No hay forma de que pueda reunir los 5.000 dólares que cobra un contrabandista. Vende lo poco que tiene, su cama y la chaqueta de cuero que le regaló el tío Marco, para juntar dinero para comida durante el viaje.

Se va al otro lado de la ciudad para despedirse de su abuela María. Subiendo cansadamente la colina, se topa con Luis, su padre.

"Me voy", le dice. "Me marcho a los Estados Unidos". Le pide algo de dinero.

Luis le da lo suficiente como para un refresco y le desea suerte. Enrique no esperaba mucho más de su padre.

"Abuela, me marcho. Voy a buscar a mamá", dice Enrique cuando llega a la choza de su abuela.

La anciana le ruega que no se vaya, pero él se ha decidido. Le da 100 lempiras, unos siete dólares, que es todo lo que tiene, y lo besa en la frente.

"Ya me voy, hermanita", le dice a Belky al día siguiente.

Ella siente un nudo en el estómago. Han vivido separados casi toda la vida, pero él es el único que entiende su soledad. En silencio, le prepara una comida especial: tortillas, chuleta de cerdo, arroz, frijoles refritos con un poco de queso. "No te vayas", le dice con los ojos inundados de lágrimas.

"Tengo que hacerlo".

Cada vez que Enrique ha hablado con su madre, ella le ha advertido que no venga, que es muy peligroso. Pero si consigue llegar a la frontera de los Estados Unidos, la llamará. "La llamaré desde allá", le dice a su amigo José. "¿Cómo no me va a recibir?".

Enrique se hace una promesa: si al cabo de un año de intentar llegar hasta su madre en los Estados Unidos no lo ha conseguido, se dará por vencido y regresará a casa.

Enrique, el muchachito menudo con sonrisa de niño,

amante de las cometas, los espaguetis, el fútbol y el *break dancing,* que gusta de jugar en el lodo y mirar dibujos animados del ratón Mickey con su primo de cuatro años, empaca en silencio sus pertenencias: pantalones de pana, una playera, una gorra, un par de guantes, cepillo y pasta de dientes.

Contempla un largo rato el retrato de su madre, pero no se lo lleva. Podría perderlo. Apunta su número telefónico en un trozo de papel. Por las dudas, también lo garabatea con tinta en el interior de la cintura de su pantalón. Tiene 57 dólares en el bolsillo.

El 2 de marzo del año 2000, va a la casa de la abuela Águeda. Se detiene en el mismo portal del que desapareció su madre once años atrás. Abraza a María Isabel y a la tía Rosa Amalia. Luego desciende el escalón y se va.

PARTE II

LA TRAVESÍA

3

EN BUSCA DE PIEDAD

Atardece en Las Anonas, un pueblecito aledaño al ferrocarril en Oaxaca, México. Sirenio Gómez Fuentes, un jornalero de la localidad, ha concluido la labor del día. De regreso a su casa, ve algo que lo sobresalta al lado de la vía: un muchacho ensangrentado y maltrecho, casi desnudo a no ser por sus calzoncillos.

El muchacho se acerca cojeando descalzo, tambaleándose de aquí para allá. Tiene el labio superior partido. El lado izquierdo de su cara está hinchado. Llora. Se limpia las heridas abiertas de la cara con un suéter roñoso que encontró en las vías.

Es Enrique. Ha cumplido los diecisiete años. Es el 24 de marzo de 2000.

Gómez lo oye susurrar: "Deme agua, por favor".

El nudo de aprensión que Gómez sentía se disuelve en piedad. Corre a su choza de techo de paja a buscar un vaso de
agua y un par de pantalones para el muchacho. Luego, bon-
dadosamente, le sugiere a Enrique que vaya a ver a Carlos
Carrasco, el alcalde de Las Anonas.

Enrique se va cojeando por un sendero de tierra hasta el
centro del caserío. Allí ve a un hombre a caballo con un sombrero de paja.

"¿Cómo puedo encontrar al alcalde?", pregunta Enrique
con voz débil.

"Soy yo", responde el jinete, y detiene su caballo para mirar
fijamente a Enrique. "¿Te has caído del tren?".

Enrique se echa a llorar. Al ver la agonía de Enrique, el
alcalde Carrasco desmonta a toda prisa. No importa lo que
haya pasado, le dice, él tratará de ayudarlo. Lo toma del brazo
y lo guía hasta su casa, que está junto a la iglesia.

"¡Mami!", grita "¡Traigo a un chamaquito! Está todo gol-
peado". La madre del alcalde oye el tono de urgencia y viene
corriendo. El alcalde arrastra un banco de la iglesia hasta la
sombra de un tamarindo y allí acuesta a Enrique.

Las mejillas y los labios de Enrique se están hinchando feo.
El alcalde Carrasco piensa que va a morir.

La madre del alcalde le limpia las heridas con agua caliente,
sal y hierbas. Le trae un tazón humeante de caldo con trocitos
de carne y papas. Enrique lo toma de a cucharadas, cuidándose de no tocar sus dientes rotos. No puede masticar.

La gente del pueblo se arrima a mirar. Forman un círculo
alrededor de Enrique. "¿Está vivo?", pregunta una mujer

corpulenta de largo cabello negro. "¿Por qué no te regresas a tu casa?", pregunta otro del grupo. "¿Acaso no estarías mejor allí?".

"Voy a buscar a mi mamá", Enrique responde en voz baja.

Hace once años, les dice Enrique, su madre se fue de Tegucigalpa, Honduras, a buscar trabajo en los Estados Unidos. Él va por México en los trenes de carga para encontrarla.

Algunas de las mujeres allí presentes miran a Enrique y piensan en sus propios hijos.

Ganan muy poco dinero labrando la tierra, unos treinta pesos o tres dólares por día. Varias de ellas hurgan en sus bolsillos y le dan a Enrique cinco o diez pesos.

El alcalde Carrasco le da una camisa y unos zapatos. No es la primera vez que auxilia a un migrante herido. Algunos han muerto. Carrasco piensa que de nada servirá darle ropa a Enrique si no puede conseguir que alguien lo lleve al médico en automóvil. Si no lo atiende un médico, piensa el alcalde, el muchacho morirá.

A través de los años, los habitantes de Las Anonas han visto a muchos migrantes heridos como Enrique. Se preguntan si es justo que deban pagar una y otra vez los gastos médicos para ayudar a salvarlos.

Adán Díaz Ruiz, el alcalde de un pueblo cercano llamado San Pedro Tapantepec, anda de paso en su camioneta. Le dice a Carrasco que no vale la pena que los médicos gasten el tiempo y el dinero necesarios para salvar a los migrantes como Enrique. "Esto les pasa por hacer el viaje", dice.

El alcalde Carrasco no está de acuerdo. Cree que vale la

pena el tiempo y el esfuerzo de salvar la vida del muchacho. Le ruega a Díaz que le preste su camioneta para llevarlo al médico.

El alcalde Díaz se deja convencer, calculando que al gobierno le costará tres veces más enterrar al muchacho callado que está tendido en el banco.

Enrique se desploma en el asiento de la camioneta. Sollozando, le dice al chofer del alcalde Díaz: "Pensé que iba a morir".

Con la cabeza apoyada contra la ventanilla, Enrique solloza, pero ahora de alivio.

PERSEVERANCIA

En las semanas recientes, Enrique ha dormido en el suelo, en un desagüe cloacal apretujado con otros migrantes y tendido sobre una lápida. Una vez, cuando estaba en el techo de un tren en movimiento, sintió tanta hambre que brincó hasta el primer vagón y saltó del tren para recoger una piña. Alcanzó a treparse al tren nuevamente en uno de los últimos vagones. En otra ocasión, llevaba dos días sin tomar agua. Sentía que se le cerraba la garganta de tan hinchada. No había casas a la vista. Encontró un pequeño abrevadero para ganado, lleno de la saliva espumosa de las vacas. Bajo la espuma había algas verdes. Bajo las algas había agua estancada de color amarillo. Se llevó el agua a los labios resecos una y otra vez. Tenía tanta sed que le sintió un sabor maravilloso.

Los miles de migrantes que viajan en los techos de los trenes de carga cambian de tren hasta treinta veces para atravesar México. La policía mexicana o "la migra", las autoridades mexicanas de inmigración, capturan a muchos y los regresan a Guatemala. Casi todos vuelven a intentar. Los más afortunados llegan a los Estados Unidos en un mes. Otros tardan un año o más porque paran a trabajar en el camino.

Como tantos otros, Enrique ha hecho varios intentos. Seis meses atrás, cuando emprendió el viaje, Enrique era aún un jovenzuelo sin experiencia. Ahora es un veterano del azaroso cruce por México.

El primer intento fue con su amigo José. Fue un anticipo de lo que pasaría después. En aquella ocasión los atrapó la migra en el techo de un tren y los mandó de regreso a Centroamérica en el Bus de Lágrimas.

El segundo: Enrique viajaba solo. Al cabo de cinco días y cuando ya se había internado en México unas 150 millas, cometió el error de quedarse dormido descalzo en el techo de un tren. La policía detuvo el tren cerca de Tonalá para capturar migrantes, y Enrique tuvo que saltar del tren. Sin zapatos, no pudo llegar muy lejos. Pasó la noche escondido entre la hierba, luego lo capturaron y lo pusieron en el autobús de vuelta a Guatemala.

El tercero: Después de dos días, la policía lo sorprendió dormido en una casa desocupada cerca de Chahuites, a 190 millas de la frontera con Guatemala. Enrique dice que le robaron y después lo entregaron a la migra, que una vez más lo puso en el autobús con destino a Guatemala.

El cuarto: Después de un día y doce millas de travesía, la

policía lo pilló durmiendo sobre una cripta en un cementerio cerca de los galpones de la estación de Tapachula, México. La migra envió a Enrique de regreso a Guatemala.

El quinto: La migra lo capturó andando por las vías en Querétaro, al norte de Ciudad de México. Enrique llevaba 838 millas recorridas y casi una semana de viaje. Un enjambre de abejas le había picado la cara. Por quinta vez, los agentes de inmigración lo despacharon de regreso a Guatemala.

El sexto: Casi lo logró. Viajó más de cinco días. Recorrió 1.564 millas. Llegó hasta el río Grande y vio los Estados Unidos a lo lejos. Estaba comiendo solo junto a las vías cuando lo apresaron los agentes de la migra. Lo llevaron a un centro de detención llamado El Corralón en Ciudad de México. Al día siguiente lo subieron al autobús para el viaje de catorce horas de regreso a Guatemala. En lo alto de la colina, un letrero anuncia: BIENVENIDOS A GUATEMALA.

Era como si nunca se hubiese ido.

En el autobús, algunos migrantes se dan cuenta de que ya no pueden más. Débiles, llorosos y muchas veces sin un centavo, se hunden en los asientos. Muchas veces, les ha ocurrido algo trágico que les quebró la voluntad: un ataque, una violación o una caída del tren. Ya no creen que sea posible llegar a los Estados Unidos. Otros han viajado en el autobús docenas de veces pero juran volver a intentarlo sin importar lo que pase. Planean nuevos intentos con la experiencia de intentos pasados. Durante su sexto viaje de regreso a Guatemala, Enrique está tan exhausto que se siente tentado a abandonar la empresa, pero piensa en su madre.

Es en su séptimo intento que Enrique sufre las heridas que lo dejan desamparado en Las Anonas.

Esto es lo que Enrique recuerda:

Es de noche. Va en el techo de un tren de carga. Un desconocido se sube por el costado de su vagón cisterna y le pide un cigarrillo. El hombre se mueve rápido, pero Enrique no está alarmado. A veces los migrantes se desplazan de vagón en vagón para ir de un extremo a otro del tren.

Los árboles tapan la luz de la luna, y Enrique no ve a dos hombres que vienen por detrás del desconocido, ni a tres más que trepan sigilosos por el otro lado del vagón. Hay docenas de migrantes encaramados al tren, pero ninguno tan cerca como para poder avisarle del peligro.

Uno de los hombres agarra a Enrique con las dos manos. Otro lo sujeta de atrás. Lo echan de bruces sobre el techo del vagón. Los seis lo rodean. "Sácate todo", dice uno. Otro alza un garrote de madera. Lo estrella con un chasquido en la nuca de Enrique, luego en la cara.

Enrique siente que alguien le arranca los zapatos. Manos le hurgan los bolsillos. Uno de los hombres saca un papelito. Allí está apuntado el número telefónico de Lourdes. Sin eso, no tiene forma de localizarla. El hombre avienta el papel. Enrique lo ve revolotear y alejarse.

Los asaltantes le arrancan los pantalones. El número telefónico de su madre está escrito con tinta en el interior de la cintura. Enrique lleva encima menos de 50 pesos, unas monedas que ha juntado pidiendo limosna. Los asaltantes maldicen y avientan los pantalones.

Ahora, los golpes son más contundentes.

"No me maten", suplica Enrique.

"Cállate", dice alguien.

La gorra de Enrique sale volando. Alguien le arranca la camisa. Le asestan otro puñetazo en el lado izquierdo de la cara. El golpe le parte tres dientes, que suenan como vidrio roto en su boca. Lo siguen vapuleando por lo que parecen diez minutos. El robo se ha tornado en deporte sangriento.

Uno de los hombres se para a horcajadas sobre Enrique. Le envuelve el cuello con la manga de una chaqueta y empieza a retorcerla.

Enrique jadea, tose y resuella. Se lleva las manos del cuello a la cara en frenéticos intentos por respirar y protegerse de los golpes.

"Tíralo del tren", grita uno de los hombres.

Enrique piensa en su madre. Lo van a enterrar en una tumba anónima y ella nunca sabrá lo que pasó. Le ruega a Dios que no lo deje morir sin verla una vez más.

El hombre de la chaqueta trastabilla. El dogal se afloja.

Enrique consigue ponerse de rodillas, listo para escapar. Le han quitado todo menos los calzoncillos. Logra ponerse de pie. Se echa a correr por el techo del vagón cisterna, haciendo equilibrio con dificultad en la superficie curva y lisa. El tren se sacude al pasar por rieles flojos. No hay luz. Está tan oscuro que apenas alcanza a ver sus pies. El tren avanza a unas cuarenta millas por hora. Saltar de un vagón a otro a esa velocidad es un suicidio. Enrique sabe que puede resbalar, caer entre dos vagones y ser succionado hacia abajo del tren.

Enrique trastabilla y luego recupera el equilibrio. En unas cuantas zancadas alcanza la parte trasera del vagón.

Oye que los hombres se acercan. Con cuidado, salta a la rótula de enganche que une los vagones, a pocas pulgadas de las ruedas calientes que giran implacables. Oye el chasquido sordo de unos disparos y sabe lo que tiene que hacer. Salta del tren hacia el vacío oscuro.

Cae a tierra junto a las vías y rueda. Se arrastra treinta pies. Le laten las rodillas. Por fin se desmorona bajo un arbolillo de mangos.

Enrique no ve la sangre, pero la siente por todos lados. Se desliza pegajosa por su rostro, le sale por las orejas y por la nariz. Siente su gusto amargo en la boca. Aun así siente un inmenso alivio: han cesado los golpes.

Enrique se queda dormido quizá doce horas, luego vuelve en sí y trata de incorporarse. El sol está alto y hace calor. Su párpado izquierdo no se abre. No ve bien. No puede flexionar las rodillas entumecidas.

Agarra un palo y lo usa para incorporarse. Despacio, descalzo y con las rodillas hinchadas, avanza tambaleando por las vías rumbo al norte. Ve a un ranchero y le pide agua. Vete a la chingada, dice el ranchero. Enrique se siente mareado y confuso. Comienza a andar en la dirección opuesta, hacia el sur. Después de lo que parecen ser varias horas, está de regreso en su punto de partida, el arbolillo de mango.

Un poco más allá hay una choza con techo de paja rodeada de una cerca blanca. Es la casa del jornalero Sirenio Gómez Fuentes, que ve a un muchacho ensangrentado avanzando hacia él.

BUENA MEDICINA

El chofer del alcalde Díaz se apresura para llevar a Enrique a San Pedro Tapanatepec a la única clínica que hay abierta a esa hora de la noche.

En su consultorio de una sola habitación, el doctor Guillermo Toledo Montes se inclina sobre Enrique, que está tendido sobre una camilla de acero inoxidable. El médico examina las heridas. Enrique tiene una contusión seria en la cavidad del ojo izquierdo. El párpado está lastimado y es posible que le quede caído para siempre. La espalda está cubierta de hematomas y tiene varios tajos profundos en la pierna derecha. Tiene una herida abierta en la cabeza, oculta bajo el cabello. Se le han roto dos dientes de arriba y uno de abajo.

Con una jeringa, el doctor Toledo le pone anestesia local cerca del ojo, luego en la frente. Mientras limpia las heridas, piensa en los migrantes que ha atendido y que luego han muerto.

Muchos llegan a él después de caerse del tren o porque fueron atacados por delincuentes o pandilleros. Algunos llegan con heridas de bala. Si un migrante herido no puede moverse por sí mismo, pueden pasar uno o dos días hasta que alguien lo descubra y lo auxilie.

En ocasiones, los auxiliares de ambulancia tienen que forcejear para sacar de las vías del tren una pierna o un brazo para así poder mover al migrante. A veces, para cuando llegan el migrante ya ha muerto. Se supone que las ambulancias no deben transportar cadáveres, pero con frecuencia los llevan para que no se los coman los buitres.

Algunos migrantes amputados sienten vergüenza de volver a casa y que sus familias los vean así. Cuando un migrante regresa a casa, los trabajadores sociales le piden que le digan a su gente que no viajen así.

"Agradece que estás vivo", dice el médico. "¿Por qué no te regresas a tu casa?".

"No", responde Enrique. "Tengo que ir al norte".

Con buen modo, Enrique pregunta si hay alguna manera de pagar por los cuidados, los antibióticos y los antiinflamatorios que le dieron. El médico niega con la cabeza. Sabe que Enrique no puede pagar el tratamiento.

Al amanecer, Enrique se marcha para alcanzar un autobús que lo lleve otra vez a las vías. La gente repara en su rostro magullado. Sin decir palabra, un hombre le da 50 pesos. Otro le da 20. Cojeando, Enrique sigue camino hacia las afueras del pueblo.

El dolor es demasiado intenso, así que pide un aventón a un automóvil que pasa.

"¿Me lleva?".

"Súbete", responde el conductor.

Enrique sube al automóvil. Es un error que pagará caro. El conductor es un agente de inmigración en su día libre.

Conduce hasta un retén de la migra y lo entrega a las autoridades. No puedes seguir camino al norte, dicen los agentes.

Enrique jura que la próxima vez lo logrará.

Lo llevan de regreso a la frontera con Guatemala en otro autobús impregnado de olor a sudor y gasóleo. Enrique comprueba con alivio que esta vez no hay pandilleros centroamericanos a bordo. A veces los pandilleros se dejan atrapar por la migra para golpear y robar a los migrantes que van en los autobuses. Van de asiento en asiento amenazando a los migrantes con picahielos para que entreguen todo lo que llevan.

Los otros veinte migrantes que van con Enrique en el autobús están deprimidos. Hablan de darse por vencidos. Por largos trechos, los pasajeros viajan en silencio y sólo se oye el ruido del caño de escape del autobús.

Pese a todo, Enrique a vuelto a fracasar: esta vez tampoco llegará a los Estados Unidos. Enojado, mira hacia afuera por la ventanilla del Bus de Lágrimas. ¡Siete veces! Tanto esfuerzo, tanto dinero, tanto tiempo. ¿Cuándo logrará cruzar la frontera para llegar a su madre? No deja de repetirse que sólo es cuestión de intentarlo una vez más.

4

ANTE LA BESTIA

Enrique vadea el río Suchiate con el agua hasta el pecho. El río marca la frontera. A sus espaldas está Guatemala. Delante está Chiapas, el estado más austral de México. "Ahora nos enfrentamos a la bestia", dicen los migrantes al entrar en Chiapas. Enrique enfrenta una vez más a "la bestia" porque necesita hallar a su madre.

Esta es la octava vez que Enrique intenta llegar al norte.

El agua es del color de un café con demasiada leche. Como se acerca la estación de lluvias, el río está más alto cada vez que lo cruza. Enrique tiene los hombros encorvados y no sabe nadar. La inscripción de su gorra dice NO FEAR, pero es una bravuconada. Enrique siempre cruza con uno o dos migrantes más por si resbala y se empieza a ahogar. Con el agua hasta la barbilla, lucha contra la corriente y trastabilla en las irregularidades del lecho del río. Exhausto, alcanza la otra orilla.

Enrique ha aprendido varias cosas importantes sobre el estado de Chiapas.

En Chiapas no hay que tomar autobuses, porque pasan por nueve puestos permanentes de inmigración. Los trenes también pasan por los retenes de control, pero Enrique puede saltar del tren cuando va bajando la velocidad. En un autobús, está atrapado.

En Chiapas no hay que viajar solo en los trenes. El mejor momento para avanzar es durante la noche o cuando hay niebla, porque puede ver las linternas de los agentes de inmigración pero ellos no lo pueden ver a él.

En Chiapas no se puede confiar en nadie. A los lugareños no les caen bien los migrantes. Hasta las autoridades son corruptas; puede ocurrir que la policía y la migra roben o violen a los migrantes.

Centroamérica ha quedado atrás, y Enrique entra a un cementerio a descansar. En el cementerio está lo bastante cerca de las vías como para escuchar cuando se acerca el tren, con sus bocinas y su motor rugiente, pero también está lo bastante lejos de la policía que ronda la estación en busca de migrantes. Enrique espera que mañana venga un tren. Cuando pierde un tren, a veces tiene que esperar dos o tres días hasta que llegue el siguiente.

Enrique se lava la boca con orín, un remedio casero para el dolor en sus dientes rotos. Apoya la cabeza sobre un bollo de trapos y se queda dormido.

Dormir con los muertos es extrañamente sereno. El

cementerio se ve hermoso bajo la luz amarilla de la luna. El cielo está de color azul oscuro. Alrededor de las ceibas que hacen sombra sobre las lápidas, Enrique alcanza a ver estrellas. Hay cruces y criptas enteras pintadas de lila, morado y verde neón. Una brisa acaricia las ramas de los árboles y las hace susurrar al despuntar el día. Una ráfaga más fuerte sacude los inmensos ramajes, como si les diera la orden de bailar.

El cementerio es bello por ser oscuro y aislado, pero por eso mismo es extremadamente peligroso. Han ocurrido atrocidades entre las tumbas, los peores asesinatos y violaciones. A una muchacha la encontraron muerta; la violaron, luego la apedrearon.

"Despertá". El aviso es un susurro, pero Enrique lo oye. El que habla es otro joven que duerme a su lado.

Falta poco para que amanezca. Cinco camionetas cargadas de policías ingresan sigilosamente al cementerio con las luces apagadas. Los agentes avanzan por el laberinto de senderos y se despliegan en abanico entre las tumbas armados con rifles, escopetas y pistolas. Enrique oye cómo los migrantes intentan huir en estampida entre los sepulcros, pero sabe que eso es inútil. Unas semanas atrás intentó escaparse de la policía en este mismo cementerio. Lo atraparon y lo deportaron.

Conteniendo la respiración, Enrique se tumba en el techo de la misma cripta adonde había dormido. Un agente escudriña por encima del borde de la cripta.

No hay escapatoria.

Enrique y los otros migrantes van a dar a la cárcel de Tapachula.

"¿Nombre? ¿Edad? ¿De dónde vienes?", preguntan con sequedad los agentes que toman nota.

Ponen a los migrantes en un patio cerrado. Allí esperan con ansiedad. Pronto los empujarán a una celda repleta y luego los deportarán. Mientras deambulan por el patio, empieza a circular un rumor: a las diez de la mañana sale un tren rumbo al norte.

"No puedo perder ese tren", se dice Enrique. Mira a su alrededor. ¿Cómo escapar? El patio está rodeado de muros, y hay agentes de la migra ahí cerca.

Hay una bicicleta vieja apoyada contra el muro. Enrique no pierde de vista a la migra. Cuando los ve distraídos, se para sobre la bicicleta. Otros migrantes lo izan más alto. Se agarra de un caño de agua y se empuja por encima del muro hacia el techo de una casa adyacente. Da un salto y cae a tierra de pie. Le late la cabeza, que todavía está hinchada por la paliza.

Pero está libre.

Antes de que la migra se dé cuenta, Enrique regresa a toda prisa al cementerio para esconderse allí hasta las diez de la mañana. Al primer ruido del tren, docenas de migrantes, algunos de ellos niños, emergen de sus escondites entre las plantas, los árboles y las tumbas.

En este 26 de marzo de 2000, Enrique está con ellos.

Dos días atrás estaba maltrecho en Las Anonas; ayer lo enviaron de regreso a Guatemala en el autobús para deportados. Hoy, él y otros migrantes corren por las sendas entre las tumbas y se lanzan cuesta abajo a toda velocidad. Un canal de aguas residuales de veinte pies de ancho los separa de las vías.

Cruzan el canal por siete piedras, saltando de una a otra para cruzar el hediondo curso de agua negra. Se reúnen en la otra orilla, sacudiéndose el agua de los pies. Ahora están a pocos pasos de los rieles. Enrique se echa a correr junto a los vagones de carga en movimiento, concentrándose en no tropezar. El terraplén tiene una pendiente de 45 grados y está salpicado de piedras del tamaño de su puño. Le cuesta mantener el equilibrio con sus deshilachados zapatos deportivos.

Al llegar a este punto, las locomotoras aceleran, a veces a 25 millas por hora. Enrique sabe que debe apresurarse a trepar por la escalerilla del tren antes de llegar a un puente que hay poco más allá del cementerio. Si va despacio, cuando se impulse para subir, la escalerilla lo jalará hacia adelante y lo hará perder pie. Si eso ocurre, las implacables ruedas del tren pueden quitarle una pierna, un brazo o la vida.

"Se lo comió el tren", dirán los otros migrantes.

Enrique ya tiene cuatro cicatrices en las espinillas, producto de esfuerzos frenéticos por encaramarse a los trenes.

El peldaño más bajo de la escalerilla está a la altura de su cintura. Cuando el tren se ladea hacia afuera, está más alto. Si el tren toma una curva, las ruedas echan chispas blancas y ardientes que le queman la piel. A estas alturas, Enrique ha aprendido que, si lo piensa demasiado, se queda atrás y el tren se le va. Se agarra de una escalerilla y se impulsa hacia arriba.

Está a bordo.

Enrique mira hacia adelante. Hay hombres y niños colgados de los costados de las cisternas buscando un lugar donde sentarse o viajar de pie.

De pronto, Enrique oye gritos. Tres vagones más allá, un chico de doce o trece años de edad ha podido asir el peldaño más bajo de la escalerilla de una cisterna, pero no logra impulsarse hacia arriba. La corriente de aire que hay bajo el tren le está jalando las piernas. Lo succiona cada vez con más fuerza, atrayendo sus piernas hacia las ruedas.

"¡Subí!", dice un hombre.

"¡No te soltés!", dice otro. Él y otros varios se arrastran por el techo del tren hasta un vagón cercano. Quieren llegar al vagón del niño antes de que el cansancio lo haga soltarse. Para entonces, no le quedará fuerza para empujarse hacia afuera, lejos de las ruedas del tren.

Enrique contiene la respiración mientras el niño sigue colgado de la escalerilla. Ya casi no puede mantenerse agarrado. Con cuidado, los hombres descienden a gatas y le tienden los brazos. Lo izan despacio. El niño se golpea las piernas contra los peldaños, pero está vivo. Y aún tiene sus pies.

PELIGRO

Hoy en día, hay muy pocas mujeres a bordo de los trenes; es demasiado peligroso.

Según un estudio de la Universidad de Houston, casi una de cada seis niñas migrantes detenidas por las autoridades de Texas dice haber sido víctima de un ataque sexual durante el viaje. Muchas migrantes mujeres son violadas por un grupo de hombres. Es el caso de una muchacha salvadoreña embarazada de cuatro meses que fue violada a punta de pistola por trece bandoleros junto a las vías un poco más al sur. Las víctimas de violaciones llegan a los hospitales con hemorragias internas severas y largos arañazos en el cuerpo. Algunas quedan embarazadas. Otras pierden la razón. En un albergue de Chiapas, una mujer violada camina de aquí para allá con la mirada ausente y aprieta los brazos cruzados delante de su cuerpo. En otro albergue, una mujer se pasa horas bajo la ducha cada día intentando borrar todo rastro del ataque.

Algunas de las muchachas que viajan al norte se cortan el pelo, se fajan los pechos y tratan de hacerse pasar por hombres. Otras se escriben en el pecho TENGO SIDA para asustar a los hombres. Los hombres también son víctimas de violaciones y ataques sexuales. Olivia Ruiz, una antropóloga cultural del Colegio de la Frontera Norte en Tijuana explica que la violación es para los mexicanos una manera de humillar y denigrar a los centroamericanos, a quienes ven como inferiores porque vienen de países menos desarrollados.

EL CABALLO DE HIERRO

Los migrantes se aferran a los costados del tren buscando un lugar donde ubicarse. Enrique calcula que hay más de doscientos migrantes a bordo, el pequeño ejército que arremetió desde el cementerio sin otra arma que la propia astucia. Ellos libran lo que un sacerdote llama la guerra sin nombre. Según dice, Chiapas es un "cementerio sin cruces, donde la gente muere sin siquiera una plegaria". Un informe de derechos humanos afirma que los migrantes que atraviesan Chiapas se enfrentan a una "auténtica guerra contra el tiempo y contra la muerte".

Enrique piensa con cuidado. ¿En qué vagón va a viajar? Esta vez será más cauto que antes.

Podría acostarse en el techo de un furgón y esconderse. Pero no hay mucho de qué agarrarse en el techo de un furgón. Quizá fuera mejor meterse dentro de un furgón, pero ¿qué pasaría si alguien trabara la puerta desde afuera? El furgón se convertiría en un horno.

Enrique busca otro lugar. Un buen escondite podría ser debajo de los vagones, haciendo equilibrio sobre un pequeño amortiguador, pero quizá Enrique sea demasiado grande para caber allí. Además, los trenes levantan piedras. Peor aun, si se le cansaran los brazos o se quedara dormido, caería directamente bajo las ruedas. "Es una locura", concluye.

Podría viajar en el extremo de una tolva, parado sobre una cornisa diminuta que tiene apenas el ancho suficiente para apoyar los pies. O podría sentarse en el compresor circular que hay en algunas tolvas, con los pies colgando sobre las ruedas de metal brillante, tres pies de diámetro y cinco pulgadas de espesor girando implacables. Pero estar aferrado durante horas hará que se le entumezcan las manos.

Enrique decide viajar en lo alto de una tolva. Desde su posición a catorce pies de altura puede ver a cualquiera que se acerque desde ambos lados de la vía, desde adelante o desde otro vagón. Como siempre, el tren se bambolea bruscamente de un lado a otro. Enrique se agarra con las dos manos.

No lleva nada que pueda impedirle correr rápido. Como

máximo, lleva una botella de plástico para agua atada a su brazo.

Algunos migrantes trepan al tren con un cepillo de dientes en el bolsillo. Unos pocos se permiten llevar un pequeño recuerdo de sus familias; quizá un rosario, una Biblia, una estampa de San Cristóbal, el santo patrón de los viajeros, o de San Judas Tadeo, el santo patrón de las situaciones desesperadas. Un padre lleva la vincha favorita de su hija de ocho años enrollada en la muñeca.

Hay varios niños a bordo, y según el Grupo Beta, la agencia del gobierno que se ocupa de los derechos de los migrantes en Chiapas, entre el 20 y el 30 por ciento de los migrantes que se suben aquí al tren tienen quince años o menos. Enrique se ha encontrado con niños de hasta nueve años de edad. Algunos sólo hablan con sus grandes ojos marrones o con una sonrisa tímida. Otros hablan abiertamente de sus madres: "Me sentía solo. Nada más podía hablar con ella por teléfono. Quiero verla. Cuando la vea, la voy a abrazar mucho, con todas mis fuerzas".

Cuando los niños hablan, Enrique asiente con la cabeza, comprensivo. También les hace confidencias. Tienen en común el peso de la soledad. Si bien la lucha por sobrevivir con frecuencia desplaza de su mente el recuerdo de Lourdes, por momentos Enrique piensa en ella con un anhelo abrumador. Recuerda cuando ella telefoneaba a Honduras desde los Estados Unidos, el tono de preocupación de su voz, cómo no podía terminar la comunicación sin decir: "Te quiero. Te echo de menos".

Las ruedas retumban y rechinan con chasquidos metálicos. Los viajeros se sacuden de atrás para adelante cuando el tren acelera o baja la velocidad súbitamente. A veces, un vagón se bandea para un lado, y el vagón de adelante y el de atrás para el lado opuesto. Algunos migrantes llaman al tren El Gusano de Hierro por la forma en que se retuerce a lo largo de las vías. En Chiapas, las vías tienen veinte años. Algunos durmientes se hunden, especialmente durante la temporada de lluvias cuando el lecho de la vía se satura y se ablanda. Hay pasto sobre los rieles, lo que los hace resbaladizos. Cuando los vagones dan una curva, parece que van a volcar. Los trenes descarrilan con frecuencia. El tren de Enrique pasa sólo unas cuantas veces por semana pero se descarrila un promedio de tres veces por mes, y han llegado a ocurrir diecisiete accidentes en un mes particularmente malo, según dice Jorge Reinoso, jefe de operaciones del ferrocarril en Chiapas. Hace un año, una tolva parecida a la de Enrique volcó con un cargamento de arena y enterró vivos a tres migrantes. En otro lugar volcaron seis tolvas. Cerca de las vías se ven los restos volcados y oxidados de los vagones.

Una vez descarrilló el tren en el que viajaba Enrique. Su vagón se sacudió tan fuerte que estuvo a punto de saltar del tren para salvarse. Enrique rara vez permite mostrarse asustado, pero teme que vuelque su vagón. Se agarra con las dos manos.

A pesar del miedo que siente, a Enrique lo conmueve la magia del tren, su fuerza, su velocidad, y por sobre todo su capacidad de llevarlo hasta su madre. Para Enrique, el tren es El Caballo de Hierro.

Otros migrantes creen que el tren tiene un propósito noble. A veces los techos van llenos de migrantes, todos mirando al norte, hacia una nueva tierra. Lo llaman El Tren Peregrino.

El tren gana velocidad. Pasa por un río marrón que huele a cloaca. Más adelante emerge una sombra oscura. Los migrantes que van en los vagones delanteros mandan el aviso hacia atrás por encima del estruendo ensordecedor del tren. La señal de alarma pasa de migrante a migrante, de vagón en vagón. "¡Rama!", gritan los migrantes. El tren se precipita hacia una espesura de ramas.

Enrique y los otros viajeros se inclinan a la vez, esquivando las mismas ramas; primero hacia la izquierda, luego hacia la derecha. El más mínimo descuido, como mirar el reloj o voltearse hacia atrás en el momento equivocado, y las ramas los aventarán por el aire.

UNA PARADA TEMIBLE

Cada vez que el tren aminora la velocidad, Enrique está alerta por si aparece la migra. Los migrantes se despiertan unos a otros y empiezan a descender por los costados del tren, listos para saltar. Se asoman hacia afuera, tratando de ver por qué el tren ha bajado la velocidad. ¿Será otra falsa alarma? El tren puede bajar la velocidad por una curva difícil, porque un migrante ha desconectado la manguera de los frenos o porque tiene que desviarse a un apartadero para dejar pasar otro tren. Si el tren vuelve a acelerar, todos se vuelven a trepar a los techos. El movimiento hacia abajo y hacia arriba por las escalerillas parece casi una coreografía.

Pero cuando el tren baja la velocidad en Huixtla, con su estación roja y amarilla, eso significa sólo una cosa: se acerca La Arrocera. Es el retén de inmigración que Enrique más teme. La Arrocera está en una zona agrícola aislada, con pocas casas o calles transitadas donde los migrantes puedan esconderse. Normalmente, en este retén los agentes de la migra capturan a la mitad de los migrantes que van a bordo. Enrique decide que va a saltar del tren para rodear el retén y volver a treparse del otro lado.

Llegan al calor del mediodía. La tensión van en aumento. Algunos migrantes se ponen de pie para ver si hay agentes de la migra más adelante. Los primeros en divisar agentes sobre las vías gritan el aviso: "¡Bájense!". Cuando el tren va frenando, los migrantes saltan.

El tren se detiene. Enrique se tiende boca abajo, esperando pasar desapercibido. Pero varios agentes lo ven. A veces, las autoridades mexicanas de migraciones ponen falsos migrantes en los trenes. Los impostores avisan por radio a los agentes dónde se han escondido los migrantes y cuántos hay en cada tren.

Enrique se pone de pie y se lanza a toda carrera por los techos del tren, volando para salvar los espacios de cuatro pies entre vagón y vagón. Tres agentes lo siguen por tierra, arrojándole piedras y palos. Las piedras hacen un ruido metálico al estrellarse contra el tren.

"¡Alto! ¡Alto!", gritan los agentes.

La escalerilla no llega hasta el techo del tren. Los agentes sólo pueden alcanzarlo si trepan por el espacio entre dos furgones adyacentes, apoyando un pie en cada una de las salientes horizontales que hay en los extremos del vagón para ir subiendo poco a poco.

"¡Bájate!", gritan. Lo insultan.

"¡No! ¡No voy a bajar!", responde Enrique.

Los agentes piden refuerzos. Uno de ellos empieza a subir, trepándose por el costado del vagón.

Enrique huye por los vagones, más de veinte en total, tratando de no caerse cada vez que salta de una tolva a una cisterna, que es más baja y tiene el techo curvo. Se le está acabando el tren. Deberá saltar y rodear La Arrocera solo y a pie. Puede ser suicida, pero no tiene otra alternativa. Más piedras vuelan por el aire. Erran el blanco y rebotan del tren con un chasquido. Enrique se escurre por una escalerilla y se precipita hacia los arbustos.

Mientras huye, le parece oír balazos a su espalda. Los agentes mexicanos de migraciones tienen prohibido portar armas. No obstante, según un agente retirado, la mayoría de los agentes no hacen caso a la prohibición y cargan pistolas. Los trabajadores de un albergue cercano dicen haber visto migrantes con heridas de bala. Otros dicen haber sido torturados. Enrique conoció a un hombre que tenía cicatrices en el pecho causadas por quemaduras de cigarrillo. El hombre le dijo a Enrique que se las había hecho un agente de la migra en La Arrocera.

Sin embargo, en el matorral a Enrique no le preocupan tanto los agentes de la migra como lo que le espera en el bosque. El sendero de tres millas que debe transitar para rodear La Arrocera está plagado de bandas de asaltantes, algunos con Uzis y otros drogados. En los techos del tren mandan las maras o pandillas, pero en las zonas aisladas hay maleantes. Según los activistas de derechos humanos y algunas agencias policiales, estos bandidos son los que cometen algunas de las peores atrocidades, como violaciones y torturas. Se reparten lo que les roban a sus víctimas con la policía, que los deja operar con libertad.

Los migrantes esconden su dinero por si los atrapan los ladrones. Algunos lo cosen a sus pantalones. Otros se ponen un poco en los zapatos y otro poco en la camisa, o unas monedas en la boca. Otros lo guardan en su ropa interior. Otros ahuecan un mango, ponen sus pesos dentro y simulan que están comiendo la fruta.

Enrique piensa que no tiene tanto dinero como para andar pensando adónde esconderlo. Sabe que los bandidos siempre descubren los escondites: rasgan la cintura de los pantalones, los cuellos y los puños de las camisas en busca de dinero. Los lugareños ven pasar grupos de migrantes desnudos; les han sacado absolutamente todo, como hicieron con Enrique en Las Anonas.

Los migrantes que se resisten son sometidos a palizas o algo peor. Los maleantes les advierten: si hablas con las autoridades, te vamos a buscar para matarte.

La policía misma está involucrada en el crimen y no se puede recurrir a ella. Según Mario Campos Gutiérrez, supervisor del Grupo Beta Sur, muchos de los bandidos son agentes en actividad o ex agentes de policía. Si los arrestan, pagan sobornos al cuartel general y salen en libertad sin ninguna consecuencia. Las declaraciones de testigos contra ellos "desaparecen" misteriosamente.

Para los migrantes, recurrir a la policía sería peligroso de todos modos porque podrían deportarlos. Como están huyendo, no pueden esperar meses hasta declarar como testigos en un juicio contra los bandidos. Es por eso que son víctimas ideales para los asaltantes.

Los migrantes han preguntado al Grupo Beta Sur por qué las autoridades no controlan a las maras. Los agentes del Grupo Beta Sur les han dicho que necesitaban testigos. Urgieron a los migrantes a presentarse y denunciar los abusos. Un adolescente hizo la denuncia y más tarde ese mismo día sufrió una golpiza brutal a manos de pandilleros de la Mara Salvatrucha.

Y hace tiempo que los bandidos han intimidado a todo habitante de La Arrocera que consideró testificar contra ellos.

"Si hablas, te matan. Mejor cerrar la boca", dice un anciano del lugar que tiene miedo de dar su nombre completo. Un vendedor de helados cerca de La Arrocera agrega: "Si los denuncias, salen libres y te vienen a buscar. Operan a plena luz del día. Aquí no hay ley".

La última vez que pudo escurrirse al otro lado de La Arrocera, Enrique tuvo suerte porque tuvo cuidado. En aquella ocasión se unió a una banda de pandilleros. Los bandidos tratan de evitar encuentros con pandilleros, que pueden llevar armas. Prefieren atacar a alguien que no pueda devolver los disparos. Al costado de la vía, Enrique y los pandilleros pasaron delante de un grupo de mexicanos armados con machetes. Los hombres les clavaron la mirada pero ni se movieron ni los atacaron.

Esta vez, Enrique está solo. Se concentra en la idea que lo hará correr más rápido: no puedo perder el tren. Si se le va el tren del que se acaba de bajar, sabe que deberá esperar durante días entre los arbustos y el pastizal hasta que pase otro tren.

Enrique corre tan rápido que siente que le van a explotar las sienes. Los pastos altos y mojados se enredan a sus pies como tentáculos. Tropieza, pero nunca deja de correr.

Enrique se desliza bajo un alambrado de púas, luego bajo una línea doble de alambre liso electrificado. Por las noches, los lugareños que viven cerca de las vías oyen los alaridos de los migrantes que se han electrocutado. "¡Socorro! ¡Socorro!", gimen. Junto a las vías, estos mismos lugareños han hallado viajeros sin brazos, sin piernas o decapitados, migrantes que intentaron huir de los agentes o subir y bajar del tren en movimiento.

Enrique llega hasta el puente Cuil, que atraviesa un cauce de aguas turbias y marrones. Según los agentes del Grupo Beta Sur, el puente es el lugar más peligroso. Allí los bandidos se esconden entre los árboles para emboscar a los migrantes. Usan a los niños de vigías; a cambio de una monedas o un caramelo, los niños se adelantan en bicicleta para avisar a los bandidos que se acercan los migrantes. Cuando los migrantes se acercan al puente, los bandidos se descuelgan de las ramas y los rodean. Otros asaltantes se esconden junto a las vías del puente o debajo del puente, donde hay arbustos tupidos y enredaderas. Uno pesca en el río o corta el pasto con un machete como si fuera un labriego, y avisa a los otros con un silbido para que tiendan la trampa.

Enrique cruza el puente a toda velocidad y no se detiene. Si hay bandidos en la distancia, no los ve. A su derecha hay montañas. El suelo es tan húmedo que los campesinos siembran arroz entre las hileras de maíz. Enrique siente la humedad que emana de la tierra margosa. Siente que se le va la energía, pero sigue corriendo.

Por fin se detiene, doblado en dos, jadeando.

No sabe bien por qué, pero ha sobrevivido a La Arrocera. Quizá fue por su extrema cautela, quizá fue porque nunca dejó de correr; quizá se debió a su decisión de esconderse en el techo del furgón en lugar de saltar inmediatamente, lo cual dio a los bandidos la oportunidad de atacar a los migrantes que lo precedieron en la huida.

Está desesperado de sed. Ve una casa.

Lo más probable es que los habitantes de la casa no le den ni agua. En Chiapas están hartos de los migrantes de Centroamérica. Los centroamericanos son más pobres que los mexicanos y los desdeñan por atrasados e ignorantes. La gente piensa que traen enfermedades, prostitución y delincuencia además de quitarles los empleos. Cuentan la historia de un hombre de Chiapas que vendía pollos en un mercado y era bondadoso con los forasteros: dio a tres salvadoreños un lugar donde dormir y trabajo desplumando aves. Los salvadoreños le robaron y lo mataron.

A los chicos como Enrique los llaman "indocumentados apestosos". Los insultan y se burlan de ellos. Les echan encima a los perros. Niños descalzos les arrojan piedras. Algunos les disparan hondazos y les gritan: "¡Vayan a trabajar! ¡Váyanse! ¡Váyanse!".

A veces es casi imposible conseguir agua para beber. Los migrantes usan camisetas para filtrar las aguas residuales de las zanjas. Conseguir comida puede ser igualmente difícil. Enrique lleva la cuenta: en siete de cada diez casas se niegan a darle nada.

"No", dicen. "Hoy no hemos cocinado. No tenemos tortillas. Prueba en otro lado". Le cierran la puerta en la cara.

Muchos habitantes de La Arrocera se encierran en sus casas cuando oyen llegar al tren. A veces es aun peor, los lugareños denuncian a los migrantes.

Enrique se encuentra con otro migrante que ha conseguido rodear La Arrocera. Él también tiene mucha sed, pero no se anima a pedir. Para los migrantes, mendigar en Chiapas es como meterse en la boca del lobo.

"Yo voy", dice Enrique. "Si atrapan a alguien será a mí".

Enrique también sabe que la gente se asustará menos si mendiga solo.

Se acerca a una casa y habla en voz baja, con la cabeza levemente inclinada. "Tengo hambre. ¿No tiene un taco que le sobre? ¿Un poco de agua?". La mujer ve las heridas de Enrique, producto de la golpiza que sufrió en el techo del tren la última

ANTE LA BESTIA   85

vez que intentó llegar al norte, y le da agua, pan y frijoles. El otro migrante se acerca. La mujer también le da comida.

Suena una bocina. Enrique corre hacia las vías. Mira para todos lados en busca de agentes de la migra, que a veces arremeten a toda velocidad en sus camionetas cuando los migrantes intentan abordar nuevamente el tren. Otros migrantes que han sobrevivido La Arrocera salen del matorral. Se lanzan veloces a correr junto al tren, y tienden los brazos para asir las escalerillas de los vagones de carga.

A veces los maquinistas hacen retroceder la locomotora para ganar velocidad. Aceleran para impedir que los migrantes puedan abordar el tren más adelante. No obstante, esta vez el tren no va a toda máquina.

Enrique se trepa a una tolva. El tren gana velocidad. Por el momento, Enrique se calma.

LA ESPERA EN HONDURAS

Entretanto, María Isabel, la novia de Enrique, está segura de que él no se ha ido de Honduras. Es todo una broma, piensa. Se habrá ido a visitar a algún amigo. Un día de estos, volverá.

Unas semanas después de la desaparición de Enrique, María Isabel se da cuenta de que la cosa era en serio.

María Isabel sabe que Enrique anhelaba estar con su madre. Hablaba mucho de marcharse al norte para estar con Lourdes. Aun así ¿cómo pudo dejarla a ella? ¿Qué pasará si se lastima o lo matan cruzando México? ¿Y si ya no lo vuelve a ver?

Entre lágrimas, María Isabel ruega que lo capturen y

lo deporten de regreso a Honduras, para que esté otra vez a su lado.

María Isabel no come bien y adelgaza. Deja de ir a la escuela nocturna. ¿Qué pasará si ella está realmente embarazada y Enrique muere tratando de llegar hasta su madre? Ella se quedará sola criando al hijo de ambos.

María Isabel elabora un plan para irse al norte en busca de Enrique. Quizá lo encuentre en México o en los Estados Unidos. Pero no tiene dinero. Le da miedo que la ataquen o que la violen. Su familia la regaña: "¿Estás loca? ¿Querés morirte en el viaje? Si estás embarazada, podrías perder el bebé en el camino".

María Isabel escucha en silencio. Sabe que tienen razón. Ella sólo puede esperar.

OLAS DE CALOR

El Gusano de Hierro rechina, gime y traquetea rumbo al norte. Enrique observa el paisaje que se extiende alrededor de la tolva en la que viaja. A su derecha, las colinas están cubiertas de cafetales. Junto a las vías hay maíz. El tren avanza por un mar exuberante y tropical de árboles de plátano.

Temprano por la tarde la temperatura es de 105 grados Fahrenheit. A Enrique, el reflejo del sol sobre el metal del tren le hace arder los ojos y le drena la poca energía que le queda. Todavía le palpita la cabeza. Empieza a sudar profusamente y siente un hormigueo en la piel. Se va de un lado a otro del vagón buscando pedacitos de sombra. Por fin, se quita la camisa para sentarse sobre ella. La locomotora despide un humo caliente de gasóleo. La basura que la gente quema junto a las vías emana un tufo penetrante y más calor. A muchos migrantes les han robado las gorras, así que se envuelven la cabeza con una camiseta. Miran con envidia a los lugareños que se refrescan en los arroyuelos y se lavan al concluir la jornada de trabajo, y a otros que dormitan en hamacas tendidas a la sombra junto a las casas de adobe o de bloques de cemento. Los vagones se bambolean de un lado a otro, hacia arriba y hacia abajo, como cubos de hielo en un vaso de agua.

A Enrique le queman las manos cuando se agarra de la tolva. Se arriesga a viajar suelto. No puede permitirse quedarse dormido: un sacudón del tren podría hacerlo caer a las vías. Otros migrantes le han enseñado trucos para mantenerse despierto.

Hay que cachetearse la cara, hacer sentadillas, ponerse gotas de alcohol en los ojos, cantar, cualquier cosa para no sentir el cansancio. A las cuatro de la madrugada, estalla un coro resonante en los techos del tren.

En Chiapas, los pandilleros de la Mara Salvatrucha merodean por los techos del tren en grupos de diez o veinte buscando migrantes dormidos. Muchos pandilleros de la MS se establecen en Chiapas después de ser deportados de los Estados Unidos a sus países de origen en Centroamérica. Los pandilleros afirman que en Centroamérica la policía los persigue para matarlos, por lo cual se han instalado en Chiapas y han armado un buen negocio asaltando a los migrantes que viajan en los techos del tren. Antes de que salga el tren, se fijan qué migrantes son los mejores blancos para un ataque, cuáles llevan dinero o comida, cuáles parecen más débiles. Tratan de hacerse amigos de los viajeros diciéndoles que ellos ya han hecho el viaje en tren. ¿Puedo ofrecerte un consejo? Enrique sabe que tiene que cuidarse de los que llevan tatuajes, especialmente de los pandilleros que tienen calaveras tatuadas en los tobillos: algunos dicen que es una calavera por cada persona que han asesinado. Algunos llevan gorros negros tejidos que pueden usar para cubrirse el rostro.

Son de una brutalidad legendaria. Con frecuencia andan drogados con marihuana o cocaína. Las drogas los envalentonan. Van armados con machetes, cuchillos, garrotes y pistolas. Cuando el tren gana velocidad, rodean a un grupo de migrantes. Les dicen: suelten el dinero o los matamos. El maquinista Emilio Canteros Méndez suele ver a los pandilleros armados por su espejo retrovisor. En los techos de los furgones estallan peleas. Los migrantes que enojan a los pandilleros porque no tienen dinero o porque se resisten acaban siendo arrojados del tren en movimiento o quedan muertos en el techo de un vagón para que los encuentren los trabajadores del ferrocarril en la próxima parada.

Enrique ha oído hablar de los dos pandilleros más peligrosos: El Indio, que opera en el lado guatemalteco de la frontera con México, y Blackie, un salvadoreño regordete de piel oscura que tiene las letras MS tatuadas en la frente, cuyo territorio se extiende desde la frontera hasta Arriaga en el norte de Chiapas.

Durante uno de sus primeros intentos por llegar al norte, un encuentro fortuito ha salvado a Enrique de lo peor de las pandillas. Al comienzo del viaje, cuando estaba en la estación de autobuses en Honduras esperando para viajar a la frontera mexicana, Enrique reparó en otro adolescente, un pandillero apodado El Brujo. A Enrique no le gustan las pandillas. Pero en las horas que pasaron juntos atravesando Honduras y Guatemala, ambos se hicieron amigos. En el transcurso del primer viaje en tren por Chiapas, El Brujo le presentó a otros jóvenes miembros de la Mara Salvatrucha. Enrique conoce a Big Daddy, un adolescente bajito y delgado, y a El Payaso, que tiene la boca y los ojos grandes. Acoplarse a estos pandilleros lo ha protegido de ataques en el camino.

Durante el séptimo viaje, esta conveniente relación llega a su fin. Uno de los pandilleros de la MS está enfadado porque un miembro de la pandilla rival, Calle 18, le ha robado la camisa. Decide que va a arrojar del tren al pandillero de Calle 18. Enrique se niega a participar, lo cual ocasiona una ruptura.

"Si sos de la MS, tenés que matar a los de la 18. Si sos de la 18, tenés que matar a los de la MS. Yo no era así", dice Enrique.

Después de la pelea, los pandilleros ya no viajan con Enrique. Esa noche, ya sin esa protección, Enrique es apaleado por seis hombres en el techo del tren.

Ahora que viaja solo, Enrique debe estar extremadamente alerta. Lo aterra sufrir otra golpiza. Se pone tenso cada vez que un desconocido salta a su vagón. Se da cuenta de que el miedo es un recurso que puede usar para mantenerse despierto. Se trepa al techo de la cisterna y toma impulso para saltar. Con los brazos abiertos, como si volara, salta a un furgón bamboleante, luego a otro. La distancia entre los vagones puede llegar hasta nueve pies.

El tren llega al norte de Chiapas. Enrique ve hombres labrando en los maizales con azadones y mujeres en la cocina que amasan tortillas. Los vaqueros que pasan les sonríen, los labriegos alzan sus machetes y alientan a los migrantes: "¡Qué bueno!". Se van acercando a las montañas. El paisaje se vuelve más suave, con pasturas para ganado en lugar de plantaciones de plátano. El tren va mucho más despacio. Mariposas monarcas revolotean junto al tren y se adelantan al vagón en el que viaja Enrique.

Cuando se pone el sol, el calor ya no es tan opresivo. Enrique oye cómo el canto de los grillos y las ranas se suma al coro de los migrantes. Sale la luna. Miles de luciérnagas titilan junto al tren. Aparecen las estrellas, tantas que se ven como puntos de luz brillante apretujados por todo el cielo.

El tren se acerca a San Ramón, cerca de la frontera norte del estado. Es allí donde la policía lleva a cabo los atracos más grandes. Pero es pasada la medianoche y los agentes de la policía judicial deben estar durmiendo.

Mario Campos Gutiérrez, supervisor del Grupo Beta Sur, estima que la mitad de los que intentan migrar al norte logran llegar a destino, pero luego de muchos intentos. Los migrantes saben que llegar hasta aquí significa que ha pasado la parte más difícil del viaje. Como dijo un migrante: "Cuando llego hasta aquí empiezo a cantar aleluyas".

Para Enrique, el amanecer llega sin incidentes. Las estrellas retroceden. Detrás de las montañas que están al este, el cielo se aclara y los campos se cubren de neblina a ambos lados de la vía. Hombres montados en burros pasan al trote con envases de latón llenos de leche amarrados a la montura; están empezando la distribución del día.

Chiapas queda atrás. Enrique sabe que aun le queda un largo camino, pero a estas alturas se ha enfrentado ocho veces con la bestia, y ha sobrevivido. Es un logro del que se siente orgulloso.

DEVORADOS

Muchos de los migrantes que emprendieron el viaje en tren con Enrique han sido capturados y deportados. A otros les ha ido peor; Chiapas los ha quebrantado. Mientras Enrique se recupera lentamente de la golpiza, otros migrantes le cuentan historias de horror sobre los viajeros que han sido mutilados por el tren.

Según cálculos de la Cruz Roja, día por medio y solamente en Chiapas un migrante que va en los trenes de carga pierde un brazo, una pierna, una mano o un pie. Este cálculo no incluye a los que mueren de manera instantánea. Un jefe de policía guarda las fotografías de los muertos en un álbum de color negro. Lo tiene a mano con la esperanza de que alguien identifique los cuerpos. Nadie viene a ver las fotografías.

Carlos Roberto Díaz Osorto, un hondureño de diecisiete años está en la cama número 1 de la unidad de traumatología del Hospital Civil, en el sur de México. Cuatro días antes de llegar al hospital, Carlos había visto cómo el tren le cortaba las dos piernas a un hombre. Pero desplazó el miedo de su mente. Quería ir a los Estados Unidos a encontrar trabajo.

Carlos casi había cruzado Chiapas. Cuando iba corriendo junto al tren se preguntó: "¿Subo o no subo?". Sus primos, que corrían junto a él, se agarraron del sexto vagón contando del final. Carlos entró en pánico. ¿Acaso lo iban a dejar atrás?

El tren llegó a un puente. Carlos no se dio por vencido. Los cordones de sus zapatos estaban desatados. Su zapato izquierdo salió volando. Luego el derecho. Trató de alcanzar la escalerilla de una cisterna, pero el vagón iba demasiado rápido y la soltó. Se aferró a una barandilla.

La cisterna se sacudió bruscamente. Carlos se mantuvo aferrado, pero sintió cómo la corriente de aire bajo el vagón atraía sus piernas hacia las ruedas. Sus dedos se aflojaron. Trató de empujarse con los pies contra las ruedas para alejarse. Pero cuando se soltó, la corriente de aire lo succionó. Las ruedas le aplastaron el pie derecho, luego le rebanaron la pierna izquierda por arriba de la rodilla.

"¡Ayúdenme! ¡Ayúdenme! ¡Me duele!", gritó. Empezó a jadear, a sudar, a pedir agua sin saber si alguien lo oía.

Los paramédicos de la Cruz Roja lo hallaron tendido junto a las vías. Había perdido casi un tercio de su sangre. Un médico le cortó los huesos y luego selló cada arteria y cada vena. Le estiró la piel para cubrir las heridas y lo suturó. A veces no hay medicinas para prevenir infecciones, pero Carlos tuvo suerte. La Cruz Roja encontró penicilina.

Muchos migrantes que pierden extremidades en el tren van

a dar al Albergue Jesús el Buen Pastor en Tapachula, a doce cuadras de la estación donde abordaron el tren al emprender el viaje. Olga Sánchez Martínez, la directora del albergue, trata de curar a los migrantes malheridos por la bestia.

Olga es menudita y de edad mediana; su cabello negro y sedoso le llega hasta la cadera y lleva un simple rosario blanco colgado del cuello. Está siempre en movimiento, impaciente por solucionar problemas. Ella cuida a los migrantes hasta que puedan regresar a casa.

Los migrantes hierven de rabia. Maldicen a Dios. ¿Por qué no los protegió? En sus ojos se ve el miedo. ¿Quién se casará con un tullido? ¿Podrán volver a trabajar? "Déjenme morir", dicen.

Olga se sienta en el borde de sus camas de hospital. Les acaricia el cabello.

"Dios tiene un plan para ti", les dice. "Vas a aprender a vivir, de manera diferente".

Olga les cuenta su propia historia. Cuando tenía siete años contrajo una enfermedad intestinal. Su familia no tenía dinero para remedios, así que la enfermedad no fue tratada, por lo cual se pasó gran parte de su vida gravemente enferma. Por momentos estuvo ciega y muda. Estuvo en coma treinta y ocho días. Llegó a pesar sesenta y seis libras, sólo piel y huesos. Trabajando en una fábrica de tortillas, una máquina le rebanó las puntas de dos dedos. Olga les cuenta a los migrantes que intentó cortarse las venas. Un día un médico le dijo que tenía cáncer y que le quedaban sólo meses de vida. ¿Qué iba a ser de sus dos hijos pequeños? Olga no era muy religiosa, pero ese día fue a la iglesia, se arrodilló e hizo un pacto con Dios: cúrame y yo curaré a otros.

Se puso a estudiar la Biblia. Allí aprendió que tenía que ayudar a los débiles, a los hambrientos.

Empezó a visitar a los pacientes de un hospital local. Un año más tarde, vio a un niño salvadoreño de trece años que había perdido ambas piernas tratando de abordar el tren. Regresó a casa llorando. ¿Cómo podía Dios ser tan cruel? Observando a los médicos, aprendió a vendar las heridas de los migrantes. Empezó a llevarlos a su humilde casa cuando el hospital los echaba a la calle. En 1999, abrió el albergue para migrantes de cuatro habitaciones en una pequeña fábrica de tortillas que le prestaron.

Olga confiesa que no ha sido fácil. Trabaja gratis, desde el amanecer hasta entrada la noche, para conseguir dinero para comida, unidades de sangre, remedios y prótesis. Vende comida en la calle y mendiga de coche en coche con una foto del migrante mutilado al que quiere ayudar. Muchos le dicen que está loca por ocuparse de extranjeros que pueden ser ladrones o asesinos, y que en vez debería ayudar a mexicanos.

A veces Olga pierde la paciencia con Dios. No siempre consigue el dinero para comprar la sangre o las medicinas que los migrantes necesitan para luchar por su vida. ¿Qué quieres que haga?, le pregunta a Dios con enojo. Algunos migrantes han sido demasiado castigados por la bestia y ella nos los puede salvar. Una niña de trece años fue violada junto a las vías y la dejaron con el cuello fracturado y las caderas destrozadas. No podía hablar ni moverse. Olga ha enterrado a esa niña y a otros treinta y nueve migrantes. Ella trata de comprarles un ataúd de madera para que sean inhumados con algo de dignidad. De otro modo, los arrojarán a una fosa común en Tapachula y no habrá un nombre en su tumba.

No obstante eso, casi todos se recuperan lentamente con los cuidados de Olga. Un joven que ha perdido los dos pies teme volver a su pueblo en Honduras, donde no podrá andar por los empinados senderos de tierra, ni sembrar frijoles, maíz o café, ni jugar al futbol con amigos. "Vas a caminar de nuevo", le dice Olga, y promete que le conseguirá prótesis.

Una adolescente que ha perdido su pie derecho teme que su marido la deje. "Ya no llores," le dice Olga para calmarla. "Dios quiere a la gente útil. Debes seguir adelante. Tienes tus manos. Debes seguir adelante y confiar en Dios".

Cada noche, cuando oye el silbato del tren, Olga le pide a Dios que proteja a los migrantes del tren y de los ataques.

OAXACA

Enrique llega hasta Oaxaca, el estado que está al norte de Chiapas. Se ha internado unas 285 millas en territorio mexicano. Al mediodía, cuando el tren se detiene haciendo chirriar los frenos, los migrantes se bajan para buscar casas donde mendigar agua y comida.

La bestia habrá quedado atrás, pero muchos de ellos todavía tienen miedo. En esos pueblos chicos, los forasteros llaman la atención. Es fácil detectar a los migrantes. Llevan la ropa sucia y huelen mal después de días o semanas sin bañarse. Muchos no tienen calcetines. Sus zapatos están rotosos. Están marcados con picaduras de mosquito. Se ven extenuados.

Casi todos los migrantes quieren quedarse junto a las vías, entre la vegetación del terraplén por si hay una redada de la migra. Dos muchachos que están con Enrique no se atreven a entrar al pueblo. Le dan a Enrique veinte pesos y le piden que compre comida. Si Enrique les trae la comida, ellos la compartirán con él.

Es muy importante pasar desapercibido. Si tiene aspecto de forastero, puede que la policía lo busque y lo deporte. Enrique se quita la camisa amarilla. Está manchada y huele a gasóleo. Debajo lleva una camisa blanca, que se pone encima de la que está sucia.

Durante todo el viaje, Enrique ha intentado mantenerse limpio buscando pedazos de cartón donde echarse a dormir. Cuando consigue una botella de agua, guarda un poco para lavarse los brazos. Si pasa por un río o un arroyo, se desviste y entra al agua. Mendiga ropa limpia o friega lo que lleva puesto y lo pone a secar en la orilla. Quizá pueda pasar por alguien del lugar. Se promete que, si ve a un policía no se dejará llevar por el pánico y seguirá andando como si nada.

Enrique toma los pesos que le han dado los dos migrantes y camina por la calle principal del pueblo, pasando por un bar, una tienda, un banco y una farmacia. Compra suficiente comida para los tres y la guarda. Luego se detiene en una barbería. Su cabello rizado está largo. Eso lo delata fácilmente. La gente de aquí suele tener el cabello más lacio.

Entra a la barbería con aire decidido.

"¡Órale, jefe!", dice, usando una expresión muy común en Oaxaca. Enrique disimula su llano acento centroamericano y habla suavemente, con la cadencia musical de un oaxaqueño. Pide que le corten el pelo al rape, al estilo militar. Paga con el último dinero propio que le queda, cuidándose de no llamarlo *pisto,* como en su país. Aquí *pisto* no significa dinero, sino alcohol. Habla con cautela para no equivocarse.

Enrique se ve reflejado en el escaparate de una tienda. Es la primera vez que se ve la cara desde que lo apalearon. Lo que ve lo llena de estupor. Cicatrices y magulladuras. Moretones de todos los colores. Un párpado caído.

Se queda boquiabierto ante su propia imagen.

"Me han dejado bien chingado", murmura.

Enrique tenía cinco años cuando su madre se marchó. Ahora es casi otra persona. Lo que se ve reflejado en el escaparate es un joven maltrecho, demacrado y desfigurado. Está flaco, tiene los ojos hundidos y ojeras de cansancio.

La furia que siente lo hace redoblar su empeño por seguir camino hacia el norte.

5

DÁDIVAS Y FE

Desde lo alto de su vagón de carga en movimiento, Enrique divisa la figura de Cristo.

En los campos de Veracruz, entre campesinos y burros cargados con cañas de azúcar, se alza un cerro imponente que empequeñece al tren. En la cima hay una estatua de Jesús. Tiene sesenta pies de altura y está vestida de blanco con una túnica rosada. Los brazos abiertos de la estatua se extienden hacia Enrique y los otros migrantes que van en los techos de los vagones de carga.

Algunos miran en silencio, otros susurran una plegaria.

Estamos a comienzos de abril del año 2000. Enrique y sus compañeros migrantes han recorrido un tercio del camino a lo largo de México.

Muchos agradecen a Dios por su progreso. Rezan en los

techos de los trenes, pidiéndole a Dios que los proteja de asaltos y las golpizas de los bandidos, de los despojos de la policía y de las deportaciones de la migra. Le piden que los mantenga vivos hasta llegar al norte. A cambio de la ayuda divina, prometen que no volverán a probar una gota de alcohol, que serán generosos y que servirán a Dios para siempre.

Llevan Biblias pequeñas envueltas en bolsas de plástico para que no se mojen cuando vadean ríos o cuando llueve. Algunas páginas están particularmente gastadas. Por ejemplo, la del Salmo 23: "Aunque fuese por valle tenebroso / ningún mal temería / pues Tú vienes conmigo / tu vara y tu cayado me sosiegan". Algunos migrantes recurren a una plegaria especial a la Santísima Trinidad, la Oración de las Tres Divinas Personas. La plegaria pide la intercesión de los santos para que puedan desbaratar cualquier arma alzada contra ellos. Con siete oraciones, la plegaria es lo bastante corta como para recitarla en un momento de peligro. Dios no se molestará si le rezan a toda prisa.

Esa noche Enrique se trepa al techo de un furgón. A la luz de las estrellas ve a un hombre de rodillas, rezando inclinado sobre una Biblia. Enrique se baja del furgón.

Él no le pide ayuda a Dios. Con los pecados que ha cometido, no se siente con derecho a pedirle nada.

ATADITOS

Lo que recibe son dádivas.

Ha caído la noche. Al pasar por un pueblito, el tren hace sonar su silbato melancólico. Enrique mira hacia un lado. Más de una docena de personas, casi todos mujeres y niños, salen de las casas cercanas a las vías llevando unos ataditos.

Algunos migrantes se asustan. ¿Qué traen? ¿Nos van a arrojar piedras? Los migrantes se tumban en el techo del tren. Enrique ve a una mujer y un niño corriendo junto a su vagón.

"¡Órale, chavo!", gritan. Le arrojan un paquete de galletas.

Enrique tiende una mano para recibir el paquete, pero con la otra mano se aferra a la tolva. El paquete de galletas pasa volando a varios pies de distancia, rebota en el vagón y cae pesadamente al suelo.

Momentos después hay mujeres y niños a ambos lados de las vías arrojando ataditos a los migrantes que van en los techos del tren. Corren rápido y apuntan con cuidado, tratando de no errar el blanco.

Enrique mira hacia abajo. Allí está la misma mujer con el niño. Le arrojan una bolsa de plástico azul. Esta vez el bulto cae de lleno en sus brazos. "¡Gracias! ¡Adiós!", dice en la oscuridad. Los desconocidos desaparecen en un abrir y cerrar de ojos, y Enrique no sabe si lo habrán oído.

Enrique abre la bolsa. Adentro hay media docena de panecillos.

La generosidad lo deja atónito.

Sus viajes en tren por Chiapas le han enseñado a esperar lo peor de la gente. Pero más al norte, en los estados de Oaxaca y Veracruz, Enrique descubre que la gente es bondadosa. En muchos lugares de Veracruz, la gente sale a dar. A veces, veinte o treinta personas brotan de las casas junto a las vías y se acercan al tren. Saludan, sonríen, gritan y luego arrojan comida. Les avisan si hay policías hostiles más adelante. Quizá no todos sean así, pero abundan los espíritus generosos. Muchos aseguran que esta generosidad tiene sus raíces en las culturas indígenas de los zapotecas y los mixtecas.

Además, según algunos, las dádivas son una buena forma de protestar contra la política de México respecto de la inmigración ilegal. Como dice un hombre que vive cerca de las vías en Veracruz: "Está mal que nuestro gobierno mande a la gente de regreso a Centroamérica. Si no queremos que nos impidan a nosotros entrar a los Estados Unidos ¿cómo podemos impedir que los centroamericanos entren a nuestro país?".

Los pueblos de Encinar, Fortín de las Flores, Cuichapa y Presidio son especialmente conocidos por su generosidad. Según un jefe de policía, la gente que vive cerca de las vías se enfada cuando los migrantes se llevan la ropa que está tendida para secarse, pero sólo si lo hicieron sin antes pedir. Por las tardes, los vecinos salen a conversar después de sus largas jornadas de trabajo como albañiles y labriegos. Cuando la tarde se va haciendo más fresca, oyen el sonido de una bocina.

El tren se acerca.

Los migrantes miran desde los vagones: un panadero con las manos llenas de harina les arroja los panes que le han sobrado. Una costurera arroja emparedados. Un carpintero arroja burritos. Un adolescente arroja naranjas en noviembre, cuando abundan, y sandías o piñas en julio. Los que han visto a los migrantes caerse del tren debido al agotamiento traen jarras llenas de café.

Una anciana encorvada y centenaria que durante la Revolución Mexicana se vio reducida a comer la corteza de su árbol de plátanos se esfuerza con sus manos nudosas para llenar bolsas con tortillas, frijoles y salsa para que su hija de setenta años pueda bajar a prisa por una pendiente rocosa y arrojarlas al tren. "Si tengo una tortilla, doy la mitad", dice la anciana. "Sé que Dios me traerá más".

Gladys González Hernández está atenta al sonido de la bocina. ¡Ahí está, por fin! La niña corre por los pasillos de la tienda de comestibles de su padre sacando galletas, botellas de agua y pastelillos de los estantes. Sale a la carrera. Ella y su padre, Ciro González Ramos, saludan con los brazos en alto a los migrantes que van a bordo del tren. La niña tiene seis años.

Ciro González, que tiene treinta y cinco años, le ha enseñado a su hija a hacer esto: quiere que sea una persona de bien.

Una vez, ella le preguntó: "¿Por qué les das comida?". Y el padre le contestó: "Porque vienen de lejos y no han comido".

Más adelante, otro hombre junta suéteres que tiene en su casa y ropa que le han dado sus parientes. Les hace un nudo para que los migrantes los puedan atajar. Con un cucharón, su hermana llena una botella plástica con limonada tan de prisa que se le derrama un poco. Mientras corren hacia el tren, la bocina empieza a oírse más cercana y más frecuente.

Los faros del tren iluminan el atardecer. El suelo vibra. Las ruedas azotan los rieles. Los hermanos se aproximan a las vías, se paran firmes sobre los talones y se sostienen el uno al otro. Él ve unos migrantes y empieza a agitar los suéteres.

Un adolescente que viste una camisa verde y blanca

desciende algunos peldaños de la escalerilla del furgón. Se sostiene con la mano derecha y tiende su mano izquierda.

Ahora, cada segundo cuenta. El hombre y la mujer lanzan la comida, la bebida y la ropa. El joven recoge todo.

"¡Gracias!", grita por encima del alboroto.

"¡Que Dios los lleve!", responden los hermanos con una sonrisa en la mirada.

Esta no es la clase de lugar donde podría esperarse que la gente dé comida a los extraños. Aquí, en las zonas rurales, el 30 por ciento de los niños de menos de cinco años comen tan poco que se les trunca el crecimiento. Los que viven junto a las vías suelen ser los más pobres.

Nadie recuerda cuándo comenzó esta costumbre de hacer regalos, pero quizá fue en la década de los ochenta, cuando muchos centroamericanos empezaron a emigrar huyendo de la guerra y la pobreza. Con el tiempo, los que vivían junto a las vías, especialmente en el estado de Veracruz, empezaron a traer comida, agua o sólo una plegaria hasta los trenes, sobre todo en los lugares donde baja la velocidad para tomar una curva o porque los rieles están en mal estado. A medida que fue creciendo la procesión de inmigrantes, también creció la voluntad de ayudar.

Muchos de los que se acercan a dar vienen de pueblos pequeños donde aproximadamente uno de cada cinco jóvenes se ha marchado a los Estados Unidos. En esos lugares, la gente comprende que los pobres no dejan su tierra porque quieren sino porque sienten que deben irse. Han visto con preocupación cómo sus propios hijos han luchado por entrar a los

Estados Unidos. Saben que para los centroamericanos el viaje es más largo y más difícil.

"No me gusta sentir que yo he comido y ellos no", dice uno de los que arrojan comida.

Otro agrega: "No podré llevarme nada conmigo cuando me muera. Entonces, ¿por qué no dar?".

Otros dicen: "Cuando ves a esta gente, te conmueves. ¿Te imaginas cuánto han viajado?".

"¿Y si algún día nos pasa algo malo a nosotros? Tal vez alguien nos dará una mano".

Para algunos, la gratitud de los migrantes es recompensa suficiente. Un migrante se queda atónito cuando un hombre le da un gran emparedado relleno con huevos revueltos cuando se prepara para abordar el tren. Con la voz quebrada por la emoción, el migrante dice: "Sin gente como ellos, no podríamos seguir adelante. Esta gente te da cosas. En Chiapas te quitan cosas".

Después de pasar días enteros sin comer, algunos migrantes sollozan cuando les dan un atadito de comida. Otras veces el agradecimiento se expresa con gestos pequeños: una sonrisa, un firme apretón de manos antes de seguir camino.

Algunos lugareños no se conforman con rezar por los migrantes y darles comida sino que invitan a los forasteros a quedarse en su casa, dándoles un techo a veces durante meses. Es muy riesgoso dar refugio a los migrantes: los que lo hacen pueden ser acusados de contrabando de personas.

En uno de los pueblos, los sacerdotes de la iglesia local han llevado adelante la lucha por los derechos de los trabajadores y los pobres durante veinte años. Los fieles veían con inquietud cómo los migrantes se amontonan para dormir sobre las ferrovías bajo la lluvia helada. Vieron a muchos migrantes heridos, algunos por intentar evadirse, otros por el tren. Los invitaron a su casa para darles refugio.

La policía empezó a irrumpir en la iglesia para capturar a los migrantes allí escondidos, a veces con las pistolas desenfundadas. Un día, los agentes de la migra entraron a una iglesia y arrestaron a cuatro migrantes en presencia de los fieles. Los agentes jalaron a los migrantes por el pelo y les torcieron un brazo detrás de la espalda antes de arrojarlos en la caja de su camioneta.

"¡Socorro! ¡Nos van a golpear!", exclamó un migrante que estaba en la camioneta.

"¡Cállate!", dijo uno de los agentes, y lo golpeó varias veces con su bastón.

Indignado y rodeado de unas cien personas, el sacerdote exigió que liberaran a los migrantes. "Esto es una iglesia. Ustedes han profanado este lugar. ¡Déjenlos libres!".

El cura organizó grupos que se movilizaban rápidamente para ayudar a los migrantes víctimas de abuso policial.

A veces el pueblo entero es el que le hace frente a la policía.

Esto es lo que relatan los habitantes de El Campesina el Mirador, un caserío ubicado al pie de la montaña cerca del ferrocarril:

La policía del pueblo cercano de Nogales tenía jurisdicción en El Campesina el Mirador. Una tarde hacia finales del año 2000, un tren que viajaba al norte se detuvo en un apartadero para ceder el paso a un tren que iba rumbo al sur. En ese momento, unos agentes de policía salieron de un bar que había junto a las vías. La gente del pueblo dice que los agentes parecían estar borrachos. Los agentes vieron a unos cincuenta migrantes que iban en el tren detenido y enfilaron hacia los vagones para arrestarlos. Los migrantes saltaron del tren y se echaron a correr hacia la montaña.

Los agentes los persiguieron. Según dicen los lugareños, los agentes empezaron a disparar. Una muchacha hondureña de diecisiete o dieciocho años recibió un balazo en un brazo. La chica estaba embarazada de ocho meses y decía que era porque la había violado un policía en Chiapas.

La chica trepó la ladera. Llegó hasta una pequeña plataforma de cemento a unas cien yardas de altura. En la plataforma había una cruz blanca. Allí la muchacha se detuvo, jadeando y sangrando, sin poder seguir adelante.

Tres agentes la alcanzaron, la agarraron del pelo, la patearon y la golpearon con sus bastones.

"¡Déjenme!", gritaba la muchacha. "Ya me han disparado. Voy a perder el bebé".

María Enriqueta Reyes Márquez, de treinta y ocho años, subió hasta la cruz. Ella afirma haber visto el hueso astillado por una herida de bala en el brazo de la muchacha. "Era como si le estuvieran pegando a un perro", recuerda con lágrimas en los ojos. "A los perros los tratan mejor. No castigan a los criminales, pero golpean a esta pobre gente. ¿Por qué? ¿Por qué?".

Reyes afirma que les dijo: "Ya dejen de golpearla". Ella y unas cincuenta personas más rodearon a la muchacha y a la cruz. Se volvieron hacia los agentes. "¡Cobardes! ¿Por qué la golpean?".

Dos de los agentes huyeron colina abajo, alejándose de la turba enardecida. Alguien le dio puntapiés en las nalgas al tercero hasta que también se dio a la fuga.

Para proteger a los migrantes de los agentes de policía corruptos, hay quienes los invitan a dormir bajo su propio techo. María del Carmen Ortega García, una mujer corpulenta y de amplia sonrisa, permite que los migrantes duerman en una habitación de su casa en Veracruz. Empezó de a poco: primero les ofrecía café, luego un lugar donde bañarse. Los migrantes le recuerdan a su hijo de dieciocho años. En 1995 lo deportaron de California. No sabe qué ha sido de él desde que lo trajeron a este lado de la frontera. Nunca más ha tenido noticias de su hijo.

Hay quienes esconden a los migrantes de la policía. Baltasar Bréniz Ávila, otro veracruceño, se siente identificado con los migrantes. Sus dos hijos caminaron días enteros bajo un calor abrasador y con poca agua para ingresar a los Estados Unidos. Tuvieron que eludir víboras y asaltantes. Ahora trabajan en un lavadero de coches en el condado de Orange, en California. "Cuando ayudo a alguien aquí, siento como si les estoy dando de comer a mis hijos", dice Bréniz. "Me imagino que allá también la gente los ayuda".

Bréniz vive a dos cuadras de la vía. Un día le dio tacos a un hondureño de veinticinco años. El hombre estaba en el portal, listo para marcharse, cuando apareció un patrullero azul y blanco de la policía por la calle de tierra.

Bréniz jaló al migrante para adentro. Los agentes tocaron a la puerta. "¡Entrégalo! Es un migrante. Si no lo entregas, te arrestamos a ti también por contrabando".

Los agentes tenían pistolas y ametralladoras. Bréniz, que trabaja como vendedor ambulante de sillas rústicas, sabía que los acusados de contrabando pueden ir a la cárcel muchos años. Trató de disimular el terror que sentía. Con buen modo, dijo que no había motivo para entregar al hombre. Dijo que era un pariente que vivía en una granja en las afueras. La policía se retiró.

Bréniz le dio refugio al migrante por una hora, hasta estar seguro de que no había moros en la costa.

NUEVO CARGAMENTO

Cuando el tren se acerca a Córdoba, los migrantes se beben el agua que les queda porque saben que es difícil correr cargando una botella. Enrique coge la bolsa de panecillos que le arrojaron. Tiene hambre pero los guarda para después; teme que serán su única comida por un tiempo. Cuando el tren baja la velocidad, Enrique salta y se echa a correr.

Elude a los guardias de la estación y modera el paso. Se sienta en la acera una cuadra al norte de la estación. Se le aproximan dos agentes.

Quedarse quieto es mejor que tratar de escapar. Enrique esconde el pan en una grieta. Se traga el miedo y trata de hacerse el indiferente.

Los agentes de uniforme azul avanzan directo hacia él.

Enrique se queda inmóvil, sin pestañear. Los policías tienen olfato para el miedo. Se dan cuenta si uno es indocumentado. Calma, se dice Enrique. No les muestres que estás asustado. Míralos a los ojos. Sé valiente.

A diferencia de la gente del pueblo, los policías no traen dádivas sino que desenfundan sus pistolas. "Si te escapas, disparo", dice uno apuntándole al pecho. Se llevan a Enrique y a otros dos muchachos más jóvenes que andaban cerca a un galpón de ferrocarril donde ya hay otros veinte migrantes. Es una redada de las grandes.

Ponen a los migrantes en fila contra la pared: "Sáquense todo lo que llevan en los bolsillos".

Enrique sabe que la única manera de evitar que lo deporten a Centroamérica es sobornando a los agentes. Lleva treinta pesos, unos tres dólares que ganó levantando piedras y barriendo un poco más al sur. Algunos agentes te sueltan por veinte pesos. Otros exigen cincuenta, o más, y luego te entregan a la migra para que te deporte. Enrique ruega que las monedas que lleva sean suficientes.

Un agente lo palpa y le dice que vacíe sus bolsillos.

Enrique deja caer su cinturón, una gorra de los Raiders y los treinta pesos. Mira de reojo a sus compañeros migrantes. Cada uno está de pie junto a un montoncito de pertenencias.

"¡Sálganse! ¡Váyanse ya!".

No lo van a deportar. Enrique se detiene, junta valor y pregunta: "¿Pueden regresarme mis cosas, mi dinero?".

"¿Qué dinero?", mascula el agente. "Olvídalo, a menos que quieras que tu viaje termine aquí".

Enrique les da la espalda y se aleja.

Aun en Veracruz, donde los extraños pueden ser tan bondadosos, las autoridades no son de fiar.

Exhausto, Enrique recupera su bolsa de panecillos, se sube a la plataforma de un camión y se queda dormido. Al amanecer oye un tren. Sin soltar los panecillos, Enrique se echa a trotar junto a un vagón de carga y se trepa a bordo una vez más.

LAS MONTAÑAS

A medida que Enrique avanza hacia el norte, México va cambiando.

Las vías, ahora más parejas, empiezan a subir. El aire se vuelve más fresco. El tren se desliza entre cañas de bambú de sesenta pies de altura. Cruza un largo puente que atraviesa un cañón profundo. Avanza entre el pútrido humo blanco emitido por una fábrica de Kimberly-Clark que convierte la pulpa de caña de azúcar en pañuelos de papel y papel de baño.

Ya ha atravesado la zona ganadera de Oaxaca. Allí el calor era tan fuerte que le distorsionaba la vista, y las vías parecían un garabato borroso detrás del tren. Era tanta la humedad que había bolas de musgo en los cables de electricidad junto a las vías. Estaba empapado de sudor.

En Veracruz anduvo entre hileras de plateados árboles de piña y campos exuberantes de esbeltas cañas de azúcar que rozaban el tren. Vio casas en las que la gente pone a secar las tortillas del día anterior en los techos de hojalata. Estaba rodeado de pantanos y mosquitos. Tuvo cuidado de las abejas. Le han dicho que cuando las espanta el humo de las locomotoras, el enjambre se abalanza sobre los migrantes que van en los techos del tren.

Cuanto más avanzan al norte, más valioso es el cargamento: ahora llevan coches Volkswagen, Ford y Chrysler. Los trenes son más largos, están mejor mantenidos y se deslizan con menos dificultad. Hay menos polizontes a bordo. Muchos migrantes no llegan hasta aquí. En algunos trenes, Enrique sólo ve una docena.

En Orizaba, el tren se detiene para cambiar de tripulación. Enrique le pide a un hombre que está parado cerca de las vías: "¿No me da un peso para comprar comida?". El hombre le pregunta por sus cicatrices, producto de la paliza que le dieron a Enrique a bordo del tren hace poco más de una semana. El hombre le da 15 pesos, aproximadamente 1,50 dólares.

Enrique se apresura a comprar un refresco y queso para comer con sus panecillos. Mira hacia el norte. Más allá de una verde cordillera se divisa el pico de Orizaba, la cumbre más alta de México. Allí la temperatura se volverá helada, especialmente durante la noche; será muy diferente de las tierras bajas, que son húmedas y calurosas. Mendigando, Enrique consigue dos suéteres. Antes de que el tren se ponga en marcha va de vagón en vagón rebuscando en los huecos que hay en los extremos de las tolvas, donde los migrantes a veces ponen la ropa que ya no quieren. En uno encuentra una manta.

Una vez que arranca el tren, Enrique comparte el queso, el

refresco y los panecillos que le quedan con otros dos muchachos que ha conocido. Ellos también van a los Estados Unidos. Uno tiene trece años, el otro diecisiete.

Enrique disfruta de la camaradería de sus nuevos amigos.
Le gusta ver cómo los viajeros se cuidan unos a otros, cómo
transmiten lo que saben y comparten lo que tienen. Suelen
designar a uno para que monte guardia mientras los demás
descansan. Se aconsejan mutuamente. En los lugares donde
otros migrantes surgen de las sombras y corren a abordar el
tren, los que están en los techos les avisan si hay peligro porque el tren va demasiado rápido.

"¡No subás! ¡Te va a pisar!", vociferan.

Cuando Enrique consigue una camisa de más o algo de
información sobre cómo eludir a la policía, comparte. Otros
migrantes han sido generosos con él. Le han enseñado palabras del argot mexicano. Uno le ofreció un trocito de jabón
cuando Enrique entró en un río verde y poco profundo para
bañarse.

Enrique comprende que las amistades serán efímeras. Muy
pocos de los que emprenden el viaje juntos, incluso si son
hermanos, acaban juntos al final. A veces los migrantes abandonan a un compañero de grupo herido antes que arriesgarse
a ser capturados por las autoridades.

Mientras espera la salida del tren en Veracruz, un salvadoreño de treinta y un años le cuenta a Enrique que hace
poco vio cómo el tren le cortaba la pierna a un hombre que
intentaba eludir a la migra en una parada. El salvadoreño se
quitó la camisa y le hizo un torniquete al herido para intentar

detener el sangrado. Después huyó, temeroso de que la migra lo arrestara.

"¡No me dejes!", gritó el herido. El hombre murió más tarde ese mismo día.

Entre tren y tren, por lo general Enrique prefiere dormir solo entre el paso alto, lejos de otros migrantes, porque sabe que así es menos probable que lo descubran. Aun así, la camaradería puede significar la diferencia entre la vida y la muerte. Enrique sabe que llegaría más rápido al norte si viajara solo, pero quizá no llegaría nunca.

Las montañas se aproximan. Enrique invita a los dos muchachos a compartir su manta. Juntos se mantendrán más calientes. Los tres se apretujan entre la rejilla y la boca de carga en lo alto de una tolva. Enrique hace un bollo con unos trapos y los usa de almohada. El vagón se mece con el traqueteo rítmico de las ruedas. Se quedan dormidos.

El tren entra en el primero de treinta y dos túneles. A veces la cola del tren no ha terminado de salir de un túnel cuando la locomotora ya se zambulle en otro. Afuera brilla el sol. En los túneles está tan oscuro que los viajeros no alcanzan a ver sus manos. Gritan "¡ay! ¡ay! ¡ay! ¡ay! ¡ay!" y esperan el eco profundo y espectral. Enrique y sus amigos duermen. Ya de vuelta a la luz del día, el tren rodea una colina. Los vagones de carga crujen al dar las curvas. Abajo hay un valle cubierto de campos de maíz, rábanos y lechuga, cada uno de un tono distinto de verde.

El Mexicano es el túnel más largo. El tren desaparece allí durante ocho minutos. Un humo negro envuelve los vagones, quemando los pulmones y haciendo arder los ojos. Algunos migrantes bajan por las escalerillas en la oscuridad para escapar de los gases malsanos. Enrique cierra los ojos, pero la cara y los brazos se le tiñen de gris. Un hollín negruzco fluye de su nariz. Si la locomotora se recalienta adentro del túnel, el tren debe detenerse. Los polizontes se abalanzan hacia las salidas, jadeando, para respirar aire limpio.

Los vagones se cubren de escarcha. Los migrantes se acurrucan en los espacios entre los vagones para protegerse del viento helado. Algunos sólo visten una playera. Se les parten los labios y se les nubla la mirada. Se ponen las camisas sobre la boca para calentarse con su aliento. Cuando el tren va despacio, trotan a la par para entrar en calor.

Algunos se arriesgan a acercarse a la última de las tres locomotoras para apoyarse contra el motor. Otros se paran junto a las columnas de humo de gasóleo caliente que despide el tren. Al caer la noche, algunos migrantes mayores toman whisky. Un trago de más y pueden caerse. Otros juntan ropa vieja y basura para hacer fogatas en las salientes que hay sobre las ruedas de las tolvas. Acercan las manos al fuego, luego se llevan las palmas calientes al rostro congelado.

Al amanecer, la vía se hace más recta y llana. A una milla y media sobre el nivel del mar, el tren acelera a 35 millas por hora. Enrique despierta. Ve cultivos de cactus a ambos lados. Justo enfrente se alzan dos pirámides enormes: la metrópolis preazteca de Teotihuacán.

Empieza a ver urbanizaciones. Un letrero que anuncia el

Paradise Spa. Una zanja de aguas residuales. Taxis. El tren reduce la velocidad para entrar en la estación de Lechería. Enrique se prepara para huir.

Ha llegado a Ciudad de México.

DESCONFIANZA

Enrique golpea a las puertas para mendigar comida. Pero la hospitalidad de Veracruz se ha desvanecido. En Ciudad de México, la gente vive nerviosa y a menudo es hostil, especialmente con los migrantes.

"Les tengo miedo", dice una mujer cerca de las vías, frunciendo la nariz. "Hablan raro. Son sucios".

El semblante de otra mujer de voz suave que usa lentes de armazón plateada y una cadena con una cruz de oro colgada del cuello se vuelve frío y tenso cuando le preguntan por los migrantes. Cuenta la historia de un joven que fue atacado por un grupo de migrantes: lo golpearon, le robaron, lo violaron y lo dejaron desnudo y casi muerto.

Antes, los migrantes le daban pena, dice. "Después de aquello, la gente cerró sus puertas". La mujer se pregunta cuántos entre los inocentes que viajan al norte son hombres peligrosos que huyen de la ley en su propio país. Ahora, cuando los migrantes le piden ayuda, un taco, un café, una camisa, un par de calcetines, algo que ocurre varias veces por día, ella se niega sin ningún miramiento.

Esta ciudad ya es de por sí muy peligrosa, agrega la mujer.

En Ciudad de México la delincuencia no tiene control. Las iglesias deben contratar guardias armados para que no haya incidentes durante la misa.

Enrique ve que los mexicanos son rápidos para defender su propio derecho a emigrar a los Estados Unidos. "Jesús era inmigrante", les oye decir. Pero la mayoría se niega a dar comida, dinero o trabajo a los centroamericanos que están en México.

Enrique va de casa en casa, esperando misericordia. Por fin, en una casa le dan otra dádiva: una mujer le da tortillas, frijoles y limonada.

Ahora debe esconderse de la policía estatal que custodia la estación de Lechería, un polvoriento barrio industrial en el extremo noroeste de Ciudad de México. Un aire gris contaminado se alza por las chimeneas. Hay una planta de reciclado de chatarra, una enorme fábrica de llantas Goodyear y otra de plásticos.

Lechería está a trece millas del corazón del sistema ferroviario mexicano. Aun así, la estación hierve de actividad. Diseminados entre las vías hay muñecas rotas, llantas viejas, perros muertos y zapatos gastados. Enrique debe eludir a la migra, que a veces viene a la estación en coches sin identificación. Casi todos los migrantes se esconden entre los furgones, dentro de ellos, o en la hierba.

Enrique se agacha para entrar en un alcantarilla de tres pies de diámetro, una de las muchas que hay desparramadas en un descampado lleno de vacas, ovejas y flores amarillas y moradas al norte de la estación.

Afuera de la alcantarilla donde se esconde Enrique, los trabajadores ferroviarios quitan y agregan vagones al tren, formando caravanas de casi una milla de largo en medio de un estrépito metálico y el entrechocar de vagones.

Enrique debe escoger el tren con cuidado. Sabe que algunas compañías ferroviarias usan menos guardias de seguridad que otras. Esas son las que busca. Elije un tren que parte rumbo al norte a las 10:30 p.m. Llega hasta la frontera con Texas viajando casi siempre durante la noche, y en la oscuridad es menos probable que lo detecten. Enrique y sus dos nuevos amigos escogen un furgón. Los muchachos cargan pedazos de cartón para echarse sobre ellos sin ensuciarse.

Enrique ve una manta sobre una tolva cercana. Sube una escalerilla para alcanzarla y oye un fuerte zumbido por encima de su cabeza. Por un tramo de 143 millas hacia el norte, hay cables electrificados tendidos por encima del tren. Hay letreros que advierten: PELIGRO: ALTO VOLTAJE. Pero muchos migrantes no saben leer. Y ni hace falta que toquen los cables para morir electrocutados: el campo eléctrico llega hasta veinte pulgadas alrededor de los cables.

Enrique trepa a la tolva. Agarra con cuidado una punta de la manta y la jala hacia abajo. Luego gatea de regreso a su furgón y se acomoda en el lecho que él y sus amigos han construido con paja que hallaron en el vagón.

Pronto, se dice, podría estar en la frontera. Está cerca de la meta.

El paisaje se vuelve cada vez más inhóspito: arena, matas espinosas, liebres y víboras. Avanzan entre peñascos, cruzan lechos

de ríos secos y cañadones con paredes de pura piedra. El tren
se sumerge en una niebla espesa y Enrique se queda dormido.

Media milla al sur de San Luis Potosí, los muchachos saltan del tren porque la estación está custodiada por sesenta y
cuatro guardias de seguridad. Enrique va en busca de comida.
Alguien le da una naranja, luego alguien más le da tres
tacos. Enrique comparte la comida con sus amigos.

Hasta ahora, Enrique ha optado por seguir adelante, procu-
rándose comida y dinero lo más rápido posible antes de seguir
camino. Una vez, en Chiapas, sobrevivió tres días comiendo
solamente mangos. Pero aquí el paisaje es demasiado inhóspito y seco como para vivir de la tierra. Mendigar siempre
es riesgoso. No hay árboles frutales ni sembradíos a la vista,
sólo fábricas de vidrio y muebles. Si quiere sobrevivir, deberá
trabajar. Además, no quiere llegar a los Estados Unidos sin
un centavo. Le han dicho que los rancheros estadounidenses
balean a los migrantes que vienen a mendigar.

Enrique remonta trabajosamente una colina hasta llegar
a la casita de un fabricante de ladrillos. Con buen modo, le
pide comida. El fabricante de ladrillos le ofrece otra dádiva:
si Enrique trabaja, le dará comida y un lugar donde dormir.
Enrique acepta de buen grado.

Según algunos migrantes centroamericanos, los patrones
mexicanos los explotan. Se rehúsan a pagarles por el trabajo que han hecho, o les pagan sólo una fracción del salario
mínimo. Pero el fabricante de ladrillos le paga bien a Enrique,
también le da ropa y zapatos.

Enrique trabaja un día y medio en la fábrica de ladrillos

paleando arcilla. Al final del día, se lava en un abrevadero para ganado para quitarse el polvo de arcilla y estiércol que lo cubren. Por la noche, duerme sobre el piso de tierra apisonada de un cobertizo con uno de sus amigos del tren.

Es la primera vez en todo el viaje que Enrique no está huyendo. Se ha acostumbrado a vivir el momento. Ahora, por primera vez, se detiene a pensar. Piensa en abrazar a su madre cuando estén juntos otra vez.

"Debo llegar la frontera", le dice a su amigo.

Se pregunta: "¿Me conviene arriesgarme a tomar otro tren?". Contando todos los intentos, ha sobrevivido más de treinta viajes en tren. Esta vez, ha recorrido 990 millas en vagones de carga desde Tapachula, cerca de Guatemala. ¿Se le acabará la suerte si lo sigue intentando?

Su patrón le aconseja que tome un minibús para pasar por un retén que hay a unos cuarenta minutos al norte del pueblo, y luego un autobús hasta otra ciudad llamada Matehuala. Desde allí le aconseja que pida un aventón en camión hasta Nuevo Laredo. Una vez en Nuevo Laredo, el río Grande será el único obstáculo para llegar a Texas. Enrique agradece los consejos y recibe su paga de 120 pesos. Se compra un cepillo de dientes y un boleto de autobús de 83 pesos. Tres horas más tarde, una arcada rosada le da la bienvenida a Matehuala.

Enrique se dirige a una parada de camiones. Matehuala está sobre una de las rutas principales que recorren los camioneros que van con destino a los Estados Unidos. Pasan caravanas de camiones de cinco ejes.

Enrique les dice a todos los camioneros que encuentra: "No tengo dinero. ¿Me puede llevar lo más al norte que vaya?".

Uno tras otro se niega. Después del largo y solitario trecho que han recorrido desde Ciudad de México, muchos de ellos estarían encantados de tener compañía en las 380 millas que faltan para llegar a la frontera. Pero si aceptan, la policía podría acusarlos de contrabando para obligarlos a pagar un soborno. Además, algunos camioneros temen que los migrantes los asalten.

Por fin, a las diez de la mañana, Enrique da con un camionero que se arriesga a llevarlo. Enrique se sube a la cabina de un camión que transporta cerveza.

"¿De dónde eres?", pregunta el chofer.

Honduras.

"¿Adónde vas?". El camionero ha conocido a otros muchachos como Enrique. "¿Tu mamá o tu papá están en los Estados Unidos?".

Enrique le cuenta de su madre.

Al llegar a Los Pocitos ven un letrero que dice: PUESTO DE CONTROL A 100 METROS. El camión espera en la fila. Luego avanza un poquito. El chofer está listo. Tú eres mi ayudante, le dice a Enrique. Soy tu ayudante, repite Enrique.

Unos agentes federales conocidos como judiciales le preguntan al chofer qué transporta. Le piden papeles. Miran de reojo a Enrique.

Pero los agentes no hacen preguntas.

Un poco más adelante, unos soldados detienen a cada

vehículo para buscar drogas y armas. Dos reclutas jóvenes les hacen la señal de seguir adelante. Enrique suspira aliviado.

El paisaje vuelve a cambiar. Las yucas ceden el paso a zarzales bajos. El camionero pasa por dos retenes más. Al acercarse al río Grande, se detiene a comer. Le compra a Enrique un plato de huevos, frijoles refritos y un refresco. Otra dádiva.

A dieciséis millas de Nuevo Laredo aparece otro letrero: BAJE LA VELOCIDAD. ADUANA DE NUEVO LAREDO.

No te preocupes, lo tranquiliza el camionero, la migra sólo registra los autobuses.

El siguiente letrero anuncia: BIENVENIDOS A NUEVO LAREDO.

El camionero lo deja en las afueras de la ciudad, cerca del aeropuerto, justo pasando el Motel California. Con los 30 pesos que le quedan, Enrique se toma un autobús que recorre un camino sinuoso hasta Plaza Hidalgo, una plaza que ocupa una manzana en pleno centro de Nuevo Laredo.

Nuevo Laredo es una ciudad de frontera junto al río Bravo, que es como llaman al río del lado mexicano. En los Estados Unidos se llama río Grande y separa a México de Texas.

A Enrique le asombra haber llegado tan lejos, haberse salvado por tan poco de ser capturado y deportado una y otra vez. Su corazón rebosa de inmensa esperanza. Es una esperanza frágil. Podría desinflarse como un globo en un abrir y cerrar de ojos. Siente náuseas de sólo pensar en emprender el *noveno* viaje después de haber llegado hasta aquí. No debe perder la cautela.

Enrique no tiene dinero. Mira a su alrededor en la Plaza Hidalgo. Hay mucha gente. Hay migrantes sentados en la escalera de la gran torre con reloj. Los contrabandistas circulan ofreciendo en voz baja llevar personas a los Estados Unidos a cambio de una buena suma de dinero. Enrique no sabe qué hacer, adónde ir. ¿En quién puede confiar para que le dé un consejo?

Por pura casualidad ve a un hondureño que había conocido en el tren. Enrique corre hacia él. El hombre le ofrece ayuda: lo lleva a un campamento a orillas del río Grande. A Enrique le gusta el lugar y decide quedarse hasta que pueda cruzar.

Esa tarde, mientras se va poniendo el sol, Enrique mira al otro lado del río Grande y contempla los Estados Unidos. El país se cierne como un misterio.

Allí, en algún lugar, vive su madre. Ella también se ha vuelto para él un misterio. Enrique era tan pequeño cuando ella se marchó que apenas recuerda su aspecto: pelo rizado, ojos color chocolate. Su voz es un sonido distante en el teléfono.

Enrique ha pasado cuarenta y siete días pensando solamente en sobrevivir. Ahora, cuando piensa en ella lo embarga la emoción.

6

EN LA FRONTERA

Un agente de la patrulla fronteriza grita por un megáfono: "¡Usted está en territorio de los Estados Unidos! ¡Regrese!".

A veces Enrique se quita la ropa y entra al río Grande para refrescarse y lavarse la suciedad y el sudor. Pero el megáfono siempre lo detiene. Retrocede.

"¡Gracias por regresar a su país!".

Enrique está varado. Hace días que está atascado en Nuevo Laredo. Se la ha pasado observando, escuchando y tratando de formular un plan. En algún lugar al otro lado de este turbio cauce de agua verde está su madre.

Enrique se instala temporalmente en el campamento. Es más seguro que cualquier otro lugar de Nuevo Laredo. La ciudad tiene medio millón de habitantes y está llena de agentes de la migra y policías de toda clase.

El campamento está al final de una senda angosta y sinuosa que desciende hacia el río. Un cañaveral lo esconde de la constante vigilancia de las autoridades estadounidenses de inmigración.

Enrique comparte un colchón sucio y húmedo con otros tres migrantes. Otros duermen sobre pedazos de cartón. Para la ropa usan "el clóset", el armazón de alambre de un colchón al que le han arrancado todo menos los resortes y colocado en posición vertical. Cada uno de los residentes del campamento tiene un lugar asignado para colgar su camisa y sus pantalones en los resortes desnudos.

El jefe del campamento es El Tiríndaro, que normalmente cobra en drogas o cerveza por permitir que los migrantes se queden allí. El Tiríndaro es un "patero", un tipo de coyote o contrabandista. Para llevar personas a los Estados Unidos, los carga en cámaras neumáticas que empuja para cruzar el río pedaleando como un pato.

Además de contrabandear, El Tiríndaro hace tatuajes y vende la ropa que los migrantes abandonan en la orilla del río. Así reúne dinero para comprar drogas. Cuando está drogado, El Tiríndaro tiene alucinaciones. A veces la heroína lo deja tan aletargado que apenas logra ponerse de pie o moverse.

El campamento se ha convertido en un refugio para migrantes, contrabandistas, drogadictos y criminales. Algunos están sólo de pasada y se quedan pocos días. Otros llevan varios meses varados allí, esperando el momento justo para escabullirse por la frontera. Uno de los migrantes, también hondureño como Enrique, lleva siete meses viviendo a la orilla del río. Lo han apresado todas las veces que intentó entrar a los Estados Unidos. Según dice, ha caído en una depresión y se pasa la vida inhalando pegamento. Enrique escucha. Los migrantes del campamento llaman a Enrique "El Hongo" porque es taciturno y absorbe todo lo que ocurre a su alrededor.

Enrique se aferra al campamento porque allí está a salvo. Como es tan joven, todos en el campamento cuidan de él. Cuando sale durante el día, alguien lo acompaña para cruzar el matorral hasta el camino y le grita: "¡Cuídate!". Le advierten que no use heroína. Le avisan dónde hay mucha policía, qué lugares debe evitar.

Cada semana, El Tiríndaro les da a los agentes de policía que patrullan el río el 10 por ciento de sus ganancias como contrabandista. Gracias a este soborno, la policía es indulgente con los que acampan allí. No obstante, cada tanto igual vienen al campamento, revisan los bolsillos de los migrantes buscando drogas y se quedan con el poco cambio que llevan encima. Se aprovechan de los migrantes porque pueden hacerlo con impunidad.

A veces a Enrique le da demasiado temor ir a Nuevo Laredo para beber agua de la fuente en una plaza. Bebe el agua del río, que lleva los residuos cloacales de docenas de pueblos. La gente le habla de una superstición: el que bebe el agua del río Bravo se queda varado para siempre en Nuevo Laredo. Enrique se arriesga de todos modos. El agua le sabe pesada, pero no se enferma.

A Enrique se le hace difícil dormir en el campamento. Hay ruido toda la noche con las idas y venidas de los migrantes que intentan cruzar el río. Los agentes de la patrulla fronteriza braman por los megáfonos, advirtiéndoles que se regresen. Se oye el ruido de los coches que cruzan por el puesto de frontera que está a pocas cuadras de distancia.

Todo el campamento huele a excremento de cabra y de los residentes que usan el pasto cercano como baño. Hay basura desparramada. El suelo está cubierto de hormigas rojas y millones de jejenes sobrevuelan el río. Durante el día hace un calor abrasador.

Por las noches, Enrique vuelve la mirada hacia el otro lado del río Grande, hacia los Estados Unidos. Enfrente, del lado estadounidense de la frontera, ve el campanario de una iglesia, vías de tren y tres antenas con luces rojas intermitentes.

Para fines de abril del año 2000, han pasado casi dos meses desde que Enrique se marchó de su casa por última vez. Lleva cuarenta y siete días pensando solamente en sobrevivir. Este es su octavo intento de llegar al norte; ha avanzado 1.800 millas. Para esta fecha es seguro que su madre ya ha llamado a Honduras. La familia le habrá dicho que él se ha marchado. Su madre debe estar preocupada. Debe llamarla para avisarle que pronto llegará.

La última vez que habló con ella, estaba en Carolina del Norte. Enrique no tiene idea si aún está allí, ni dónde está ese lugar ni cómo llegar. En Honduras, hablaba por teléfono con tan poca frecuencia que no se le ocurrió memorizar el número de su madre por si se le perdía el papelito o se lo quitaban.

Por suerte, hay un número de teléfono que sabe de memoria: el del taller de llantas donde trabajaba. Llamará allí y le pedirá a su antiguo patrón que encuentre a la tía Rosa Amalia o a su tío Carlos para pedirles el número de Lourdes. Luego volverá a llamar a su antiguo jefe para que le pase el número. Para hacer las dos llamadas necesitará dos tarjetas telefónicas que cuestan 50 pesos cada una. Cuando llame a su madre, pedirá cobro revertido.

No puede conseguir cien pesos mendigando. Deberá trabajar. Para los migrantes niños y adolescentes, no hay muchas opciones: lustrabotas, vendedor ambulante de chicles y caramelos o lavacoches. Enrique lavará coches.

Todas las tardes, sin falta, Enrique va a la alcaldía de Nuevo Laredo con un gran balde plástico de pintura y dos trapos. Debe juntar coraje para ir: sabe que lo pueden capturar. Llena el balde con agua de un grifo que hay al costado del edificio. Luego va al aparcadero que hay enfrente de una bulliciosa taquería.

A diferencia de los trabajadores de otros negocios, los de la taquería no le dicen que se largue. Uno de los trapos es rojo. Cada vez que alguien llega a cenar sacude el trapo rojo para indicar al cliente dónde aparcarse, como el personal de tierra de un aeropuerto que dirige a un avión hasta la puerta de embarque.

Habitualmente hay competencia. Dos o tres migrantes más se instalan con sus baldes en la misma acera.

Una mujer que lleva un vestido azul aparca su Pontiac Bonneville.

"¿Le lavo las ventanas?", pregunta Enrique. Ella asiente con la cabeza y camina hacia la taquería. Con las manos extendidas sobre un trapo que mueve con rápidos movimientos circulares, Enrique limpia primero el frente del carro y luego las ventanillas laterales. Rodea el vehículo frotando y frotando. Limpia por dentro, hasta el piso. Hay luna, pero la temperatura es de 90 grados Fahrenheit. El sudor le chorrea por la frente. Tiene que terminar antes de que estén listos los tacos de la mujer.

La mujer regresa, hurga buscando las llaves, entra al carro y luego le da a Enrique dos monedas: 3,50 pesos. "Gracias", dice Enrique.

Casi todos los automovilistas rechazan su ofrecimiento. Enrique suspira. En ocho horas, persiguiendo a cada carro que ha entrado, sólo ha ganado 20 pesos, aproximadamente dos dólares.

Alrededor de la taquería hay aroma a carne asada. Enrique ve cómo los trabajadores sacan tiras de carne de un barreño y las ponen sobre grandes tablas de cocina para picarlas. Los clientes se sientan a comer en largas mesas de acero inoxidable. A veces, al cerrar el puesto los meseros le dan un par de tacos a escondidas.

UN SALVAVIDAS

De otro modo, Enrique cuenta con la parroquia de San José para su única comida del día. La parroquia da tarjetas de comida a los migrantes. Las tarjetas valen oro. A veces las roban para venderlas. Los migrantes que se bañan en el río dejan la tarjeta en la orilla y llevan piedras para arrojárselas al que se acerque a robarla. Enrique tiene la tarjeta de esta parroquia y otra más, por lo que sabe que puede contar con que va a comer una vez al día durante quince días.

El cura de la parroquia de San José es el padre Leonardo

López Guajardo, conocido como el padre Leo. En Nuevo Laredo, el padre Leo no es un sacerdote típico. Otros curas llevan bonitos relojes, anillos y se dan aires de importancia. El padre Leo tiene un aspecto tan desaliñado que a veces los visitantes lo confunden con uno de los migrantes pobres y sucios que esperan afuera. Usa días enteros los mismos pantalones sucios y manchados de tanto acarrear cajas de vegetales maduros. Sus pantalones favoritos tienen las botamangas deshilachadas y están un poquito rasgados atrás.

Durante la misa, el padre Leo no cita mucho la Biblia. Transmite su mensaje con chistes, o extrayendo una lección de una película o una canción popular. No se ubica frente al altar. Con su sotana blanca y sus gastados zapatos deportivos, el sacerdote recorre de aquí para allá el pasillo de su iglesia de pisos rosados. Mientras camina, se seca el sudor que fluye copiosamente de su cabeza calva con una toalla blanca. Con el micrófono en la mano derecha y la toalla en la mano izquierda, el sacerdote predica.

El padre Leo es humilde y vive modestamente. Dona su salario a la iglesia para ayudar a pagar los sueldos del personal. Cuando alguien le regaló una bonita camioneta, la vendió para pagar las cuentas de servicios públicos de la iglesia. Su carro, que usa muy poco para ahorrar en gasolina y ayudar al medio ambiente, es un Mazda diminuto que costó 400 dólares. La puerta del acompañante no se puede abrir desde afuera, el tablero vinílico está hecho trizas y hay un agujero gigantesco en el asiento delantero.

"Estamos con los pobres o no estamos con ellos. Dios nos

ha enseñado que debemos ayudar a los pobres. Cualquier otra interpretación es inaceptable", afirma el sacerdote. Para el padre Leo, los que más ayuda necesitan en Nuevo Laredo son los migrantes. Pasan días enteros sin comer, meses sin apoyar la cabeza sobre una almohada, están indefensos ante una embestida de abusos. El sacerdote ha jurado devolverles un poco de su dignidad.

"Él vio que esta gente es la más vulnerable, la que más desprecian los del lugar. Entonces se entregó a ellos", explica un voluntario de la iglesia.

El padre Leo cedió su apartamento de dos dormitorios adyacente a la iglesia para que las mujeres migrantes tuviesen un lugar donde dormir. Él mismo se instaló en un cuartito junto a la despensa.

Hay un flujo constante de migrantes hacia la iglesia. El padre Leo los atiende uno por uno. Toma nota de la información de cada individuo y luego le da una tarjeta de comida. A los que han recibido un giro de parientes en los Estados Unidos los ayuda para que puedan retirar el dinero.

Para que los migrantes estén más presentables, les regala los pocos zapatos y prendas de ropa que posee. Trae un barbero a la iglesia. Un médico atiende a los migrantes gratis. Si necesitan sangre, el padre Leo es el primer donante.

Algunos feligreses pensaban que era una locura atraer al vecindario a personas que consideraban vagos y delincuentes. Se oponían a toda forma de ayuda a los migrantes. "Este era un barrio bueno hasta que usted trajo a *su* gente", se quejaban. ¿Y si algunos fuesen criminales peligrosos que huían de la justicia en su propio país? Entretanto, la iglesia, una de las más pobres de la ciudad, se estaba viniendo abajo. Los bancos estaban desvencijados y el padre no había instalado aire acondicionado aunque en verano la temperatura llega a los 120 grados Fahrenheit. Una encuesta mostró que muchos feligreses no iban a misa por los migrantes.

Una vez, el director local de la migra amenazó con meter preso al sacerdote por varios años por contrabando de personas si no impedía que los migrantes entraran a su iglesia. El padre Leo prometió portarse bien, luego hizo caso omiso de la advertencia.

Ahora, las tres cuartas partes de los feligreses de la parroquia aprueban de su trabajo. "Debiéramos agradecer que nosotros no tenemos que vivir esa experiencia, pero quizá con un poco de pan y una sonrisa les podemos aligerar la carga", dice una voluntaria. Sin la ayuda de la iglesia, agrega, los migrantes estarían aun más desesperados y el impacto en la ciudad sería peor.

"El padre Leo me ha enseñado a dar al prójimo sin esperar nada a cambio", dice la voluntaria, que cocina a diario la cena para los migrantes.

Todas las noches, con puntualidad, la voluntaria Leti Limón abre las puertas amarillas de la iglesia.

"¿Quién es nuevo?", pregunta.

"¡Yo! ¡Yo!", gritan hombres y niños desde el patio. Se agolpan en la puerta y forcejean para entrar.

"¡En fila! ¡En fila!", grita Limón. Ella también es pobre. Limpia casas por 20 dólares cada una al otro lado del río en

Texas. Pero lleva un año y medio ayudando a dar de comer a los migrantes, porque supone que eso le gustaría a Jesús. Les da tarjetas de color beige a los recién llegados y perfora las tarjetas de los que van entrando. Un cura de la parroquia hace la cuenta: el 6 por ciento son niños.

Uno por uno, los migrantes se ubican detrás de las sillas que rodean una mesa larga. En la cabecera, la figura de Jesús pintada en un mural extiende las manos hacia platos llenos de tacos, tomates y frijoles. Arriba de Jesús hay una inscripción: VENGAN A MÍ LOS QUE SE SIENTEN CANSADOS Y AGOBIADOS.

Se bajan las luces y se apagan los ventiladores para que todos los presentes puedan oír la bendición de la misa. Como el aire no circula, el calor en la habitación se vuelve casi sofocante; el sudor corre por los rostros de los migrantes y les empapa las camisas. Un voluntario o uno de los migrantes empieza a recitar la breve oración. Algunos que llevan días sin comer no pueden aguantarse y agarran el pan antes de que termine el rezo.

Un voluntario les pide que se quiten el sombrero, y que por favor coman todo lo que tienen en la bandeja o se lo den a alguien que esté cerca.

Hay un estruendo cuando todos jalan las sillas al mismo tiempo. El guiso llega a la boca antes de que las posaderas lleguen a la silla. Hay más migrantes que sillas. Algunos comen de pie. Otros se acuclillan en el suelo y apoyan el plato sobre las rodillas. Comen con desesperación silenciosa. Los frijoles, el guiso, los tomates, el arroz y los buñuelos desaparecen por completo en un entrechocar de tenedores contra platos.

Después, unos cuantos migrantes se acercan al mapa de Texas que hay frente a la imagen de la Virgen de Guadalupe. Está recubierto con plástico, pero en partes está negro de huellas dactilares. Conversan sobre el estado del río. ¿Está alto? ¿Está bajo? Todos hablan de llegar a Texas cruzando el río Grande.

CAMARADAS

En las cenas de la iglesia Enrique conoce a otros niños que quieren reencontrarse con sus madres en los Estados Unidos.

Ermis Galeano, de dieciséis años, está varado igual que Enrique. Los muchachos comparan experiencias. Ambos son hondureños. Ambos han sido víctimas de asaltos. Unos bandidos golpearon a Ermis en la cara con un tablón en el techo del tren, como le sucedió a Enrique. El golpe le voló dos dientes y ahora le quedan los agujeros. Igual que a Enrique, los bandidos dejaron a Ermis en ropa interior, sollozando y ensangrentado. También le arrancaron el trocito de papel donde había apuntado el número de su madre y lo aventaron por el aire. Esta es la tercera vez que Ermis hace el intento de reunirse con su madre.

La madre de Ermis se marchó cuando él tenía diez años de edad. Ella le ha enviado dinero, cinco cartas y quince fotos. Telefoneaba siempre que tenía el dinero suficiente para hacerlo. Pero eso no alcanzaba. Ermis quería estar con ella. "Mi mamá me decía que me amaba. Nadie más me dijo eso nunca", dice Ermis.

Enrique y Ermis se hacen amigos de una muchacha de quince años, Mery Gabriela Posas Izaguirre, o Gabi, como prefiere que la llamen. Ella les relata su historia. Su madre era divorciada y le costaba alimentar a Gabi y a sus dos hermanos. Vendió casi todas sus pertenencias, mesas, camas y cacerolas para que sus hijos fueran a la escuela. Por fin, una tarde en julio de 1999, Gabi regresó de la escuela y sólo encontró una nota: "Me voy por un tiempito. Voy a trabajar mucho". La madre dejó todo a cargo del hermano mayor de Gabi y pidió que los niños rezaran tres veces por día: antes de comer, antes de dormir y antes de salir.

Gabi y sus hermanos la echaban mucho de menos. Empezaron a dormir en su cama para sentirse cerca de ella. Gabi se quedaba dormida aspirando en la almohada el olor de su madre. Extrañaba que alguien se ocupara de ella. Soñaba que su madre estaba en casa, regañándola por la mañana para que no llegara tarde a la escuela. Se imaginaba que iban al parque. Extrañaba burlarse de ella porque escuchaba "música de viejos": Beethoven.

"La casa se sentía triste, vacía", dice Gabi.

Cada vez que sonaba el teléfono, Gabi corría a atender. "¿Cuándo vienes a casa?", imploraba. Después le recriminaba en tono áspero: "¿Para qué nos trajiste al mundo si nos ibas a abandonar?". De los cuarenta y ocho niños que había en su clase, treinta y seis tenían un progenitor en los Estados Unidos, casi siempre la madre.

En su nuevo hogar en el noreste de los Estados Unidos, la mamá de Gabi hacía limpieza doméstica y cuidaba de dos niños pequeños. Un día, le envió a Gabi una muñeca Barbie. Los niños que cuidaba su madre ya habían abierto la caja. Gabi se llenó de furia. A solas, se imaginaba a su madre jugando con esos otros niños.

Madre e hija se peleaban por teléfono. "Estoy cuidando a otros niños en lugar de cuidarlos a ustedes. ¿Te imaginas lo que es eso? Tú no sabes lo que yo he sufrido", reclamaba la madre.

Gabi no le creía. Sólo quería estar con ella.

Llegó el invierno. La madre llamó llorando. Estaba sola, enferma y sin trabajo.

"Supe que tenía que ir", dijo Gabi. "Pensé: soy joven. Quiero ayudarla para que pueda regresar a casa".

Para la Navidad de 1999, marcharse a los Estados Unidos se había vuelto para Gabi una obsesión.

A la madre la aterraba que su hija emprendiera el viaje sola. Podrían violarla. Una tía de Gabi de veintiséis años, Lourdes Izaguirre, decidió acompañarla en el viaje. Se imaginaron que juntas serían menos vulnerables.

Gabi dejó atrás a sus hermanos. Su tía Lourdes dejó a sus dos hijos de cinco y diez años, y a dos hermanos menores que cuidaba. Los dejó a todos con su propia madre. En Honduras, la tía Lourdes ganaba 30 dólares por semana cosiendo camisas de marca Tommy Hilfiger. Aunque trabajara tiempo completo, no ganaba lo suficiente para alimentar a todos.

A cambio de 2.000 dólares pagados por adelantado, un contrabandista prometió llevarlas, pero les robó y las abandonó en Tapachula, apenas al otro lado de la frontera. Las deportaron a Guatemala. Ambas decidieron volver a intentarlo. Esta vez, planeaban atravesar a pie la Selva Lacandona en el estado mexicano de Chiapas. Gabi y su tía Lourdes se pasaron varios días lavando ropa en el río Usumacinta a cambio de comida. Le pedían a cada contrabandista que veían que las llevara por el cruce montañoso. Los contrabandistas querían que les pagaran con sexo.

Indignada, Gabi se rehusaba.

Por fin, cuatro contrabandistas les permitieron unirse a un grupo de ochenta migrantes que, según Gabi, habían pagado entre 5.000 y 8.000 dólares cada uno. La hacían marchar en la delantera para que ayudase a abrir una senda en la densa vegetación. Constantemente tenía que rechazar avances de índole sexual. Se afeaba lo más posible. Casi no dormía, no sonreía ni se peinaba. Las piernas se le pusieron negras de tantas garrapatas. Sentía que los bichos se la estaban comiendo viva, pero no se atrevía a levantarse la falda para quitárselos de encima.

Gabi se repetía a sí misma sin cesar: "Tengo que llegar a donde está mamá".

Gabi y Lourdes empezaron a hacer autostop. Pero una agente de la migra las pilló tratando de rodear un retén. Gabi cuenta que la agente les ordenó que se desvistieran y les revisó la ropa en busca de dinero.

La agente las regañó por llevar tan poco dinero. Si no pueden pagarme, ¿por qué yo he de liberarlas?, preguntó.

"Por favor, déjenos ir", rogó Gabi. "Voy para ayudar a mi mamá".

"¡Váyanse!", dijo la agente.

Por fin, Gabi y Lourdes llegaron a Nuevo Laredo. Gabi le dice a Enrique que ella también siente que está varada. A veces, dice en voz baja, siente como que quiere morir.

La tía Lourdes rompe a llorar. "Me siento mal por hacer esto. No vale la pena. Prefiero morirme de hambre con mis hijos. Pero he venido hasta aquí. Ya no puedo regresarme". La tía Lourdes hipotecó su casa y le pidió dinero prestado a un vecino para emprender el viaje. Su voz se vuelve firme. "No puedo regresar con las manos vacías". Gabi rodea a su tía con un brazo.

Afuera de la iglesia después de la cena, muchos migrantes se enfrascan en una forma tosca de terapia callejera: ¿Quién tuvo el peor viaje en tren? No miden el viaje en días sino en zapatos perdidos, palizas recibidas, pertenencias robadas. Se jactan de sus cicatrices. Muestran pies cubiertos de ampollas, uñas que se han doblado hacia arriba de tanto caminar.

Un muchacho está sentado en un banco de metal verde que hay fuera de la iglesia. Lleva semanas varado y tiene la carta ganadora. Se arremanga una pierna de sus vaqueros negros, se saca un zapato deportivo abotinado y luego se quita una prótesis. Su espinilla derecha se afina hasta terminar en un muñón de color rosado.

HAMBRE DE ESPERANZA

Los quince días de las tarjetas de comida de Enrique pasan rápido. Aún está ahorrando dinero para comprar las dos tarjetas telefónicas. Ahora deberá gastar en comida. Empieza a comer lo menos posible: galletas y refrescos. A veces, en su desesperación por ahorrar para hacer las llamadas telefónicas, Enrique no come nada.

A veces no hay más remedio que ir al centro a pedir limosna, aunque haya riesgo de un encuentro con la policía. Enrique se va con un amigo a la Avenida Guerrero. Es un lugar lleno de turistas que cruzan la frontera para hacer compras, beber, bailar y alternar con prostitutas. Hay niños de cinco años que jalan a los turistas del brazo y les piden que compren chicle. En las aceras, hay ancianas sentadas que extienden sus manos curtidas para que les den monedas. La avenida Guerrero está llena de policías. Para un centroamericano sin papeles, es terreno peligroso.

Pero Enrique está desesperado. Su amigo se hace el rengo, arrastrando un pie y apoyándose en el brazo de Enrique. Se acercan a todos los turistas que ven. "¿Quiere que le muestre dónde me pegó el tren?", pregunta con aire inocente. Despacio, empieza a remangarse el pantalón.

La gente se espanta. "¡No, no! ¡Ten aquí!". Le dan un peso y se escabullen.

Antes de que los pille la policía, Enrique y su amigo se vuelven al río con sólo lo suficiente para comprar más galletas.

Enrique se siente débil. Cada tanto, los pescadores del lugar le dan un pescado. Sus amigos del campamento le convidan huevos revueltos o un tazón de sopa.

Antes de irse a dormir, los compañeros de campamento hablan de sus experiencias. Hablan de la miseria en la que todos ellos se han criado; prefieren morir antes que regresar.

Le dan a Enrique consejos para el cruce del río: usa una cámara neumática, lleva un galón de agua, averigua cuáles son los mejores lugares para cruzar.

Enrique habla de María Isabel y de que podría estar esperando un bebé. No ha hablado con ella desde que se marchó y no lo sabe con seguridad.

Enrique les habla de su madre. Dice que se siente muy deprimido. "Quiero estar con ella. Conocerla". Se calla.

"Es mejor hablar", le dice un amigo en tono suave.

Pero las cosas empeoran. Enrique no puede hacer más que trabajar y ahorrar dinero para llamar a su madre. Luego verá cómo cruza el río para reunirse con ella. No sabe cuánto tiempo pasará hasta que lo logre.

A Enrique le inquieta tener que quedarse demasiado tiempo en Nuevo Laredo. Teme que lo ataquen los bandidos. Le dan miedo las atrocidades: cuchillos, escopetas apuntando al pecho, palizas, robos de dinero y zapatos.

Enrique ha visto pandilleros merodeando frente a la iglesia de San José. Se comportan como perros, olfateando a quién robar. Casi todos son salvadoreños que llevan las letras MS tatuadas en la frente y calzan flamantes zapatos deportivos Nike de color negro. "Te cruzo al otro lado del río. Dame 200 pesos", les dicen a los migrantes que pasan. Los incautos les hacen caso. Los pandilleros los llevan al río y los asaltan.

En el campamento junto al río, un pandillero salvadoreño cubierto de tatuajes amenaza con apalear a Enrique. Otro migrante de la MS que vivía en el barrio de Enrique interviene y lo salva de una paliza.

Alejándose a toda prisa de los pandilleros, Enrique tiembla de alivio, miedo y furia.

El Tiríndaro nunca amenaza a Enrique sino que es generoso con él. Sabe que cuanto antes Enrique pueda comprar una tarjeta telefónica para llamar a su madre, más pronto pagará por sus servicios como contrabandista.

El Tiríndaro sabe que Enrique nunca aprendió a nadar, así que lo sube a una cámara neumática y lo lleva de aquí para allá en el río para que pierda el miedo. Cuando baja el nivel del río, quedan expuestas las ramas más bajas de los sauces de la orilla. Están llenas de la ropa que se quitan los migrantes cuando empiezan a vadear el río. De las ramas cuelgan bolsas plásticas, pantalones cortos y ropa interior como deshilachados adornos navideños. El Tiríndaro lleva a Enrique en la cámara neumática y de paso recoge las prendas de ropa. La lavan en el río y luego la venden cerca de la taquería. El Tiríndaro deja que Enrique se guarde una playera que han encontrado.

Una noche, cuando Enrique va caminando las veinte cuadras de regreso al campamento desde el lugar donde lava coches, se larga a llover. Por lo general, El Tiríndaro no duerme en el campamento cuando llueve. Enrique teme que el campamento sea demasiado peligroso en la ausencia de El Tiríndaro. Se mete en una casa abandonada. Hay agujeros en el techo. Enrique encuentra unos pedazos de cartón y los acomoda en un lugar seco. Se saca los zapatos y los pone cerca de su cabeza, al igual que el balde. No tiene ni calcetines, ni manta ni almohada. Se envuelve la cara con la playera para calentarse con su aliento. Luego se tumba, se acurruca y se cruza las manos delante del pecho.

Estallan los relámpagos y rugen los truenos. El viento ulula por los rincones de la casa. Llueve sin parar. En la carretera, los camiones hacen silbar los frenos cuando se detienen en la frontera antes de ingresar a los Estados Unidos. Al otro lado del río, la Patrulla Fronteriza alumbra el agua con linternas en busca de migrantes que intentan cruzar.

Con los pies descalzos contra la pared fría, Enrique duerme.

DÍA DE LA MADRE

Es el 14 de mayo del año 2000, un domingo en el que muchas iglesias de México celebran el Día de la Madre. La parroquia de San José se ha llenado de gente para el festejo. Las mujeres de Nuevo Laredo ríen, gritan y silban mientras sus hijos bailan con almohadas bajo la camisa para simular que están "embarazados".

Cada vez que va a la parroquia de San José, Enrique piensa en su madre, pero hoy más que nunca. La iglesia también le hace echar de menos a su abuela María y sus misas semanales cuando era niño.

Los migrantes que están separados de sus familias tratan de pensar en otra cosa que no sea el festejo. Las mujeres lloran porque están lejos de sus hijos. A pesar de la esperanza, se sienten tristes y culpables. Todas las madres tienen los mismos miedos.

Una de ellas reza todos los días: No dejes que muera en el viaje. Si me muero, mis niños vivirán en la calle.

Muchas de estas mujeres son madres solteras porque no quisieron soportar los aspectos más difíciles de sus relaciones con los hombres: las borracheras, las palizas, las amantes. Una vez solas, les resulta difícil mantener a sus hijos. Se van para poder darles de comer, para no tener que prostituirse.

Aunque muchas suponen que la separación será corta, normalmente dura de seis a ocho años, explica Analuisa Espinoza, una trabajadora social del Distrito Escolar Unificado de Los Ángeles que se especializa en inmigrantes. Para entonces, ellas y sus hijos son como extraños. Cuando van a buscar a los niños que trae un contrabandista, algunas madres abrazan al niño equivocado.

Cualquiera de estas mujeres es como era su madre hace once años, piensa Enrique.

Se pregunta qué aspecto tendrá ahora su madre.

Le dice a un amigo: "Está bien que una madre se vaya por dos o cuatro años, pero no más". Enrique recuerda las promesas de volver para Navidad que le hacía su madre y que nunca cumplió. Recuerda cómo anhelaba estar con su madre cada vez que su abuela lo regañaba.

Sin embargo, una cosa es cierta: Lourdes siempre le dijo que lo amaba.

"Me he sentido solo toda la vida", dice. "No sé cómo será verla otra vez. Ella va a estar contenta. Yo también. Quiero decirle cuánto la amo. Le voy a decir que la necesito".

Por fin, Enrique ha ahorrado 50 pesos. Se apresura a comprar una tarjeta telefónica. Se la da a un amigo de El Tiríndaro para que se la guarde. Así, si lo atacan pandilleros o lo captura la policía, no podrán robársela.

"Sólo necesito una más", dice. "Y luego puedo llamarla".

Al otro lado del río Grande, Lourdes piensa en Enrique. Ya sabe, por cierto, que él se ha marchado. Pero cuando llama a Honduras, nunca puede averiguar adónde está. Lourdes recuerda la última conversación telefónica que tuvieron. "Llego pronto", dijo él. "Antes de que te des cuenta, voy a tocar a tu puerta". Día tras día, Lourdes espera la llamada de Enrique. Por las noches no consigue dormir más de tres horas. Mira la televisión: migrantes ahogados en el río Grande, muertos en el desierto, baleados por rancheros. ¿Será Enrique uno de ellos?

Lourdes se imagina lo peor y la aterra pensar que nunca volverá a ver a Enrique. La desaparición de su hijo le remueve el recuerdo de su ex novio Santos, que desapareció cuando Diana tenía cuatro años. Nadie la puede ayudar. Le ruega a Dios que cuide a Enrique, que lo guíe.

El Día de la Madre por la tarde, tres agentes de la policía municipal visitan el campamento. Enrique no intenta huir, pero está nervioso. Los policías no se fijan en él. En vez, se llevan a uno de sus amigos.

Enrique no tiene dinero para comida, ni siquiera para galletas. Se da una dosis de pegamento. La droga lo adormece, lo transporta a otro mundo, le calma el hambre y lo ayuda a olvidarse de su familia. Tumbado sobre un colchón, Enrique habla con los árboles. Llora. Habla de su madre. "Quiero estar cerca de mi mamá. Quiero estar cerca", repite hasta que se le aclara la mente.

Un amigo pesca seis bagres diminutos. Enciende un fuego con basura. Oscurece. El muchacho corta el pescado con la tapa de una lata de aluminio.

Enrique ronda cerca de su amigo: "Sabés, Hernán, no he comido en todo el día".

Hernán limpia el pescado.

Enrique espera de pie, en silencio.

UN REVÉS

Es 15 de mayo y el trabajo de lavacoches ha rendido bien: Enrique ganó 60 pesos. A medianoche, corre a comprar su segunda tarjeta telefónica. En esta tarjeta pone sólo 30 pesos, apostando a que la segunda llamada será corta.

Se guarda los 30 pesos restantes para comida.

Enrique y sus amigos celebran. Enrique quiere que le hagan un tatuaje, "un recuerdo de mi viaje", dice.

El Tiríndaro se ofrece a hacerle el tatuaje gratis. Enrique quiere tinta negra, pero El Tiríndaro sólo tiene verde. Enrique saca pecho y pide que le inscriban dos nombres tan juntos que parezcan una sola palabra. El Tiríndaro se pasa tres horas escarbando en la piel de Enrique. En letras góticas, le graba la inscripción: *EnriqueLourdes*.

Su madre lo va a regañar, piensa Enrique alegremente.

Al día siguiente, se levanta del colchón sucio justo antes del mediodía. Pide prestada pasta de dientes, se acuclilla junto al río, moja el cepillo en el agua turbia y se lava los dientes rotos. Todavía le duelen por la paliza que sufrió semanas atrás en el tren. También le duele la cabeza, le late todo el tiempo. Tiene una laceración rosada de una pulgada de largo en el lado izquierdo de la frente. Todavía no ve bien con el ojo izquierdo y el párpado está caído. Tiene hematomas en los brazos y en las piernas, y lleva días sin cambiarse la ropa.

Tiene hambre. Pasan las horas. Tiene más hambre. Por fin ya no puede soportarlo más. Le pide la primera tarjeta telefónica al amigo que se la estaba guardando y la vende para comprar comida.

Se gasta todo el dinero en galletas, la forma más barata de llenarse el estómago.

Ahora ya no tiene dos tarjetas telefónicas sino sólo una que vale 30 pesos. Enrique se arrepiente de haberse dejado vencer por el hambre. Si tan sólo pudiera ganar 20 pesos más. Al menos podría llamar a su antiguo jefe y esperar que su tío o su tía le regresen la llamada, así no necesitaría una segunda tarjeta.

Pero le han robado el balde. Sin el balde, está perdido: lo usaba para sentarse, para cortar comida, para lavarse los pies y para ganarse la vida.

Cuando piensa en claudicar, Enrique trata de darse ánimo. Sé que mi día llegará, se dice. Sé que no tengo que desesperarme. Después de comer las galletas, se tumba en el colchón y mira al cielo en silencio. Su amigo lo ve deprimido. Desde que llegó al río, Enrique ha visto a treinta hombres y niños dormir en el campamento, pagar por un contrabandista y luego cruzar el río hacia los Estados Unidos.

Su amigo trata de alegrarlo. Le dice que no se desespere.

Alguien del campamento ve que Enrique está muy angustiado y le presta un balde. Enrique camina penosamente hasta el lavadero de coches que está frente a la taquería. Se sienta sobre el balde. Con cuidado, se sube la playera. Allí, en un arco justo sobre su ombligo está el tatuaje, dolorosamente fresco.

EnriqueLourdes. Ahora las palabras se burlan de él. Está profundamente exhausto. Por primera vez siente que está listo para volver a casa. Pero se traga las lágrimas y se baja la playera. Echa de menos Honduras pero se rehúsa a darse por vencido.

EL MOMENTO

Los amigos del campamento le advierten a Enrique que no cruce el río Grande sin nadie que lo acompañe. La travesía es peligrosa desde el momento en que uno entra al río. Bajo la superficie hay remolinos que te jalan para abajo, y los helicópteros de la patrulla fronteriza vuelan bajo y levantan olas que te zamarrean de aquí para allá.

Los compañeros del campamento le dicen a Enrique que necesita un guía, alguien que conozca el terreno.

Cuando cruces el río hacia los Estados Unidos, ni se te ocurra caminar tú solo por Texas, le advierten. Sin un guía, es fácil perderse en la monotonía del paisaje y andar en círculos. El recorrido hasta San Antonio implica andar siete u ocho días por el desierto con temperaturas de hasta 120 grados Fahrenheit, serpientes de cascabel, espinas de cactus que te lastiman, tarántulas del tamaño de un platillo y cerdos salvajes con colmillos. Deshidratados y en estado de delirio, algunos migrantes se suicidan.

Otros mueren baleados por rancheros tejanos cuando intentan robar o mendigar agua y comida. La hostilidad de los rancheros hacia los inmigrantes que entran sin permiso ha ido en aumento. Algunos rancheros se sientan en el porche delantero de su casa con una pistola en el regazo. Casi todos los migrantes son buena gente, dicen, pero los que no son buena gente traen drogas, entran a tu casa y te roban.

En el lado tejano del río, los agentes de la patrulla fronteriza son tenaces y están bien entrenados. Sólo en el año 2000, el año en que Enrique intenta entrar a los Estados Unidos, capturaron a 108.973 migrantes en los alrededores de Laredo. Justo para cuando Enrique se prepara para cruzar, ha aumentado sustancialmente el número de efectivos de la patrulla fronteriza. En total, desde 1993 el gobierno ha agregado 5.600 agentes a la fuerza para reforzar su presencia en toda la frontera sur de los Estados Unidos. Los agentes tienen helicópteros, gafas para ver de noche, equipo de termografía infrarroja que detecta el calor humano y sensores que perciben pisadas en los senderos que usan los migrantes. Mueven los sensores todo el tiempo para que los migrantes y los contrabandistas no sepan adónde están enterrados.

Cenando en la iglesia de San José, Enrique conoce a migrantes deportados por los agentes de la frontera. Un hombre que se internó solo en el desierto lleva cinco días sin comer. Llega a la iglesia con la camisa marrón hecha jirones, despedazada por las espinas de cactus. Los cardos y las espinas le han hecho tajos sangrantes en los brazos. Está bañado en lodo. Tiene enormes ampollas amarillentas en las plantas de los pies y las uñas se le han puesto negras. Tuvo que matar cinco serpientes de cascabel durante la marcha. Suplica que le de un vaso de agua y una ducha.

Lo que le han contado hace que Enrique sienta terror de las víboras y los alacranes. En el desierto de Texas, las víboras salen a cazar de noche, cuando está más fresco. A esas horas los migrantes están en movimiento. Andan a tientas en la oscuridad, temerosos de encender una linterna. Otros apelan a la superstición: Si vas con una mujer embarazada, todas las serpientes que se te crucen estarán dormidas. Ponte tres granos de pimienta bajo la lengua que trae buena suerte. Hay serpientes de coral, serpientes cabeza de cobre, mocasines de agua y serpientes de añil, esta última tan larga y veloz que puede matar a una cascabel. Este año se han reproducido en abundancia y la sequía las ha vuelto más agresivas.

Cuando duerme, Enrique tiene una pesadilla recurrente: una serpiente le ha mordido la boca; no puede pedir auxilio.

El Hongo escucha lo que dicen sus amigos. Decide que no irá solo. ¿Para qué morir en el intento?, se pregunta.

Enrique sabe que no puede confiar en cualquier contrabandista. Allá en Honduras casi todos los contrabandistas son de fiar; si quieren conseguir clientes tienen que cuidar su reputación. Pero los de la frontera pueden asaltar, violar y abandonar a sus clientes con impunidad. Muchos migrantes de la iglesia regresan con cuentos de horror sobre contrabandistas.

Enrique ha visto a El Tiríndaro pasar a varios migrantes al

otro lado, siempre de noche y normalmente de a uno o dos, pedaleando frenéticamente en sus cámaras neumáticas.

El Tiríndaro no trabaja solo; es parte de una banda. Tiene socios del otro lado, gente que esconde a los migrantes si los persiguen los agentes. Un hombre mayor y una mujer joven, ambos latinos, llevan a El Tiríndaro y a sus clientes en automóvil hacia el norte y los ayudan a rodear los retenes de la Patrulla Fronteriza en Texas. Al pasar el último retén, El Tiríndaro regresa a Nuevo Laredo y la pareja y otros miembros de la banda se ocupan de llevar a los clientes a destino.

Enrique nota que a los clientes de El Tiríndaro nunca los arrestan ni los deportan. Según un amigo de Enrique, El Tiríndaro lleva tanto tiempo estudiando los movimientos de los agentes de la Patrulla Fronteriza que hasta sabe qué hace cada agente cada ocho horas durante el cambio de turno.

Pero cobra 1.200 dólares.

Enrique toma una decisión: cuando pueda llamar a su madre le va a pedir que contrate a El Tiríndaro. Sé que no me va a dejar ahí tirado, se dice a sí mismo.

❖ ❖ ❖

El 18 de mayo, al despertar, Enrique se encuentra con que le han robado el zapato derecho. Los zapatos son casi tan importantes como la comida y el número telefónico de su madre. Enrique recuerda cada par de zapatos que lo ha ayudado en su travesía al norte. Fueron siete sólo en este viaje. Zapatos azules, zapatos blancos, botas de trabajo de piel, zapatillas Nike.

Los ha comprado, los ha pedido prestados o los ha canjeado por algo. Todos acabaron destrozados o robados. Pero nunca le han robado un solo zapato.

Enrique ve una zapatilla flotando cerca de la orilla. La recoge. Es para el pie izquierdo. Ahora tiene dos zapatos izquierdos. Con el cubo en la mano, camina con dificultad hasta la taquería, mendigando en el camino. La gente le da uno o dos pesos. Lava algunos coches y empieza a llover. Increíblemente, ha conseguido reunir 20 pesos en total.

Enrique regresa al campamento con sus dos zapatos izquierdos, lleno de alegría y ansiedad.

Ya tiene el dinero suficiente para comprar una tarjeta telefónica.

LA AYUDA DEL PADRE LEO

Es 19 de mayo. Sólo hay una manera de que el plan funcione. El padre Leo deja que los migrantes llamen desde la iglesia si tienen tarjetas telefónicas. Todos los días oficia de asistente telefónico y les avisa a los migrantes si tienen una llamada. Enrique tendrá que confiar en que el cura lo encuentre si su tío o su tía regresan la llamada.

Avanzada la tarde, Enrique consigue comunicarse con su antiguo jefe usando el teléfono de la iglesia. Le pide que les avise a su tío o a su tía que lo llamen a la iglesia de San José. Dos horas más tarde, el padre Leo grita el nombre de Enrique. Como siempre, la voz recorre el patio como un reguero de pólvora: hay una llamada para un tal Enrique.

Enrique y su abuela paterna, que lo crió en Honduras.

Enrique en la foto de su graduación del jardín de infancia.

Enrique antes de emprender su viaje.

Por Don Bartletti. Copyright © 2002 *Los Angeles Times*. Se reproduce con permiso.

Copyright © Sonia Nazario

Copyright © Sonia Nazario

Hacia la derecha empezando desde arriba:

La emotiva reunión de Enrique con Lourdes, su madre, en Carolina del Norte;
Jasmín, la hija de Enrique, con María Isabel, la madre de la niña, en Tegucigalpa;
Belky, la hermana de Enrique, en la Universidad de Tegucigalpa donde estudiaba.

Hondureños que viajan como polizontes en los trenes.

Cruzando un puente cerca de Tenosique, Tabasco, México.

Polizontes en México que van rumbo al noroeste de Gregorio
Méndez, en Tabasco, hacia Palenque, Chiapas, México.

Un campamento junto al río Grande del lado de Nuevo Laredo
similar al que halló Enrique cuando llegó a esa ciudad mexicana.

Por cortesía de la familia de Enrique

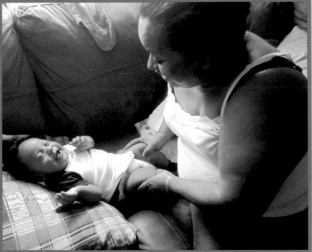

Copyright © Sonia Nazario

ARRIBA: Daniel, el hijo de Enrique, el día de su nacimiento.

ABAJO: Lourdes juega con Daniel, que tiene dos meses.

"¿Estás bien?", pregunta el tío Carlos.

"Sí, estoy bien. Quiero llamar a mi mamá. He perdido el número", contesta Enrique apresuradamente.

El tío Carlos le dicta el número, dígito por dígito. Con mucho cuidado, Enrique apunta los números uno tras otro en un trocito de papel. Justo cuando el tío Carlos termina de pasarle los números, se corta la comunicación. El tío Carlos llama otra vez, pero Enrique ya se fue. No puede esperar.

Cuando hable con su madre, quiere estar solo, por si rompe a llorar. Corre hasta un teléfono público alejado para llamarla. Cobro revertido.

Está nervioso. Lourdes o sus compañeros de vivienda pueden haber bloqueado las llamadas por cobrar. ¿Y si ella se niega a pagar? Primero que todo, la llamada es cara. Segundo, Lourdes le ordenó con mucha severidad que no se fuera para el norte y él ha desobedecido. Cada una de las pocas veces que hablaron, ella lo exhortó a que estudiara. Al fin y al cabo, ella se había ido precisamente por ese motivo, para mandar dinero para la escuela. Pero él ha dejado la escuela. Puede ser que Lourdes esté enojada con él. Puede ser que no quiera hablarle.

Con el corazón en la boca, Enrique se dirige a un parque que hay cerca del campamento.

Son las siete de la tarde y para Enrique es peligroso estar fuera del campamento. La policía patrulla el parque. Si lo ven, seguro que llamará su atención. Lleva dos zapatos izquierdos y vaqueros gastados con agujeros; está demasiado andrajoso para andar en este barrio. Enrique saca el papelito del bolsillo de su vaquero.

Levanta el auricular de un teléfono público que hay al costado del parque.

Despacio, con mucho cuidado, desdobla su valiosa posesión: el número telefónico de su madre. Escucha maravillado cuando ella atiende. Lourdes acepta el cobro revertido.

"¿Mami?".

Del otro lado, a Lourdes le empiezan a temblar las manos. Luego los brazos y las rodillas. "Hola, mijo. ¿Dónde estás?".

"Estoy en Nuevo Laredo. ¿Dónde está usted?".

"He estado tan preocupada". A Lourdes se le quiebra la voz, pero contiene las lágrimas. Quiere ser fuerte para él. No quiere que él también llore. "En Carolina del Norte", contesta, y le explica adónde está ese lugar.

Enrique se calma.

"¿Cómo vas a venir? Encuentra un coyote", insiste Lourdes. Suena preocupada. Dice que conoce a un buen coyote en Piedras Negras.

"No, no", dice Enrique. "Aquí tengo a alguien". Enrique confía en El Tiríndaro, pero sus servicios cuestan 1.200 dólares.

Lourdes le promete que reunirá el dinero. "Tené cuidado", dice.

A pesar del vínculo que los une, la conversación es incómoda. Enrique y su madre son dos desconocidos.

Sin embargo, él siente su amor. Cuelga el auricular y da un suspiro. Del otro lado, su madre por fin rompe a llorar.

PARTE III

El otro lado de la frontera

7

Cruzando un río oscuro en busca de una vida mejor

"Si te atrapan, yo no te conozco", dice El Tiríndaro con tono severo.

Es la una de la madrugada del 21 de mayo del año 2000.

Enrique aguarda en la orilla. Asiente con la cabeza. Lo mismo hacen otros dos migrantes, un muchacho mexicano y su hermana que esperan con él. Se desvisten hasta quedarse en ropa interior. Llevarán la ropa en bolsas plásticas para que no se moje.

Enrique rompe un papelito y desparrama los pedazos en la orilla. Es el número telefónico de su madre. Lo ha memorizado. Los agentes no podrán usarlo para localizarla y deportarla.

Al otro lado del río Grande se alza un poste de cincuenta pies de altura equipado con cámaras de video de la Patrulla

Fronteriza. En la oscuridad, Enrique no alcanza a ver las camionetas todoterreno ocultas del otro lado del río. Pero sabe que están ahí.

Enrique ha visto que algunos contrabandistas hacen que los migrantes crucen agarrados de una soga larga. Otros los hacen enlazar los brazos y formar una cadena humana. La estrategia de El Tiríndaro es más riesgosa. Usa una voluminosa cámara neumática negra que los agentes de la Patrulla Fronteriza pueden detectar fácilmente. Sólo puede llevar una o dos personas por vez.

El Tiríndaro sostiene la cámara neumática. Los mexicanos se suben. Enrique espera. El Tiríndaro lleva a los hermanos mexicanos hasta una isla que hay en el medio del río.

El Tiríndaro vuelve por Enrique, tal como le había prometido. Enrique siente alivio.

El contrabandista estabiliza la cámara en el agua. Con cuidado, Enrique se trepa a bordo. Ha llovido y el río está alto. Dos noches atrás, murió en el río un muchacho conocido de Enrique. Se lo tragó un remolino. En este tramo del río se han ahogado hasta tres migrantes por día. Enrique no sabe nadar y tiene miedo.

El Tiríndaro pone sobre el regazo de Enrique una bolsa plástica de residuos que contiene ropa seca para los cuatro. Luego empieza a patalear en el agua y a empujar. Una corriente rauda se apodera de la cámara y la lanza al río. El viento se lleva la gorra de Enrique. La llovizna le empapa el rostro. Enrique va escudriñando la superficie en busca de las víboras verdes que se deslizan entre las olas. Se aferra a la embarcación que avanza sacudiéndose, chapoteando y rebotando de aquí para allá.

De repente, Enrique ve un destello blanco: una camioneta todoterreno está avanzando despacio por el sendero que bordea el río, y probablemente lleve un perro en el portaequipajes.

Para su sorpresa, nadie vocifera por un megáfono: "¡Retrocedan!". Todo es silencio, salvo por el chapoteo del agua contra la cámara neumática.

La embarcación se zarandea en las olas. Enrique no se suelta ni por un momento. El cielo nocturno está nublado y el río se ve negro. En la distancia, unas lucecitas bailan en la superficie.

Por fin avista la isla cubierta de cañas y sauces. Enrique se agarra de una rama de sauce. La rama se rompe. Con ambas manos sujeta una rama más grande y la cámara neumática embarranca en el lodo y el pasto. Han cruzado el canal sur, la primera etapa del cruce. Al otro lado de la isla está el canal norte. Es aun más peligroso porque está más cerca de los Estados Unidos.

El Tiríndaro recorre a pie la isla pequeñita y otea la otra orilla. La camioneta todoterreno blanca reaparece, avanzando despacio, a menos de cien yardas de distancia. Los faros rojos y azules que hay en el techo de la camioneta alumbran el agua. Los agentes se vuelven para apuntar un haz de luz directamente a la isla.

Enrique y los mexicanos se tumban al suelo de bruces. Para Enrique no puede haber nada peor que caer preso justo ahora que está más cerca que nunca de su madre. Las autoridades deportarían a los mexicanos al otro lado del río, pero a él lo mandarían de regreso a Honduras.

Peor aún, podría pasar meses en una cárcel de Texas hasta que el gobierno completara los trámites para deportarlo. En Liberty, Texas, 46 millas al norte de Houston, hay una cárcel juvenil donde van a esperar su deportación muchos de los menores capturados intentando ingresar a los Estados Unidos clandestinamente y sin un acompañante.

Los niños migrantes llegan a la cárcel esposados y con grilletes. Los hacen desnudarse para registrarlos en busca de dinero, drogas y armas. Algunos tienen sólo doce años de edad. A veces los alojan en las mismas celdas sin ventanas que ocupan los acusados de violación y otros delitos mayores. La comida es insuficiente y casi no salen a la luz del día. Les dan muy poca información sobre su situación, si irán ante un juez de inmigración o si serán deportados. Los guardias tienen poca información, y la mayoría no habla español como para explicarles algo a los niños.

Si lo atrapan y lo llevan a una de estas cárceles, Enrique podría pasar dos o tres meses encerrado antes de ser enviado de regreso a Honduras. Tendría que volver a empezar por novena vez. Enrique ha jurado que intentaría llegar a los Estados Unidos durante un año, no menos. Hace cuatro meses que viene intentando reunirse con su madre, pero se le están agotando las fuerzas y la paciencia.

Todos permanecen inmóviles durante media hora en la isla del río. Los grillos cantan y el agua se cuela entre las piedras.

Por fin, los agentes parecen darse por vencidos. El Tiríndaro se cerciora y luego vuelve con Enrique y los mexicanos.

Enrique susurra: "Llévalos a ellos primero". El Tiríndaro carga a los mexicanos en la cámara neumática. Cruzan el canal con pesada lentitud.

Minutos después, El Tiríndaro regresa. "Ven", le dice a Enrique. "Súbete". También le da otras instrucciones: no hagas crujir la bolsa de ropa, susurra. No pises ramas. Y no remes; eso hace ruido.

El Tiríndaro entra al río detrás de la cámara neumática y se empuja con las piernas bajo la superficie. Sólo tardan uno o dos minutos. Por fin llegan a un remanso y Enrique agarra una rama. Recalan en el lodo blando y resbaladizo de la orilla. En calzoncillos, Enrique pisa por primera vez el suelo de los Estados Unidos.

CASI CONGELADO

Mientras esconde la cámara neumática, El Tiríndaro divisa a la Patrulla Fronteriza. Él y los tres migrantes se precipitan por la orilla del río Grande hasta un riachuelo llamado Zacate Creek.

"Entren", dice El Tiríndaro.

Enrique entra al riachuelo helado. Se agacha hasta que el agua le llega a la barbilla. Sus dientes rotos castañetean tan fuertemente que le duelen; se tapa la boca con la mano para no tiritar. Se quedan agazapados y sin decir palabra en el frío del Zacate Creek durante una hora y media. Un caño que está conectado a una planta de tratamiento de aguas residuales desagota en el río. Enrique lo huele.

Cuando El Tiríndaro da la orden, Enrique y los otros salen del agua. Entumecido, Enrique cae al suelo, casi congelado. "Vístanse rápido", dice el contrabandista con urgencia en la voz.

Enrique se quita los calzoncillos mojados y los avienta. Eran lo último que le quedaba de Honduras. Se pone sus pantalones vaqueros secos, su camisa seca y sus dos zapatos izquierdos, todas prendas que encontró o le dieron en el camino.

Se esconden en una mata de arbustos y El Tiríndaro les ofrece a todos un pedazo de pan y un refresco, pero Enrique está demasiado nervioso para comer. Es la primera vez en su vida que no quiere comida.

"Ahora viene la parte difícil", dice El Tiríndaro. Se echa a correr. Enrique y los mexicanos lo siguen. Está tan oscuro que parece que avanzan a tientas en un laberinto.

Por fin, El Tiríndaro se detiene y mira nerviosamente de un lado a otro. No hay nada. "Síganme", dice.

Ahora corre más rápido. A Enrique, el miedo le desentumece las piernas. Se precipitan por sendas angostas hasta el canal de subida del Zacate Creek que está seco, pasan por debajo de un caño y de un puente peatonal, cruzan el canal y aparecen en una calle residencial de dos carriles.

Pasan dos carros. Sin aliento, los cuatro se abalanzan a los arbustos para esconderse. Media cuadra más allá hay una camioneta Chevrolet Blazer con vidrios polarizados. Las luces de un carro se prenden y se apagan.

"Vamos", dice El Tiríndaro.

Cuando se acercan a la Blazer, las puertas se destraban con un chasquido. Enrique y los otros se zambullen en el vehículo. El que maneja es un hombre latino y a su lado hay una mujer.

NUBES DE ALGODÓN

Son las cuatro de la madrugada y Enrique está extenuado. Se tumba sobre unas almohadas que hay en el portaequipajes. Las almohadas son como pedazos de nube. Se enciende el motor. Enrique sonríe como si estuviera en un sueño.

Casi no puede creer que está en los Estados Unidos de América.

El conductor y la mujer pertenecen a la red de contrabandistas de El Tiríndaro. Destapan unas cervezas. Por un momento, Enrique se preocupa: ¿y si el conductor tomó de más? No dice nada. La Blazer se encamina a Dallas.

El techo de la camioneta se vuelve borroso cuando Enrique cierra los ojos y se queda dormido.

Están media milla al sur de un retén de la Patrulla Fronteriza. Los agentes de la Patrulla Fronteriza prestan atención a los vehículos grandes, como las camionetas todoterreno y las furgonetas que pueden transportar muchos migrantes. Algunos contrabandistas quitan los asientos traseros y apilan a los migrantes como leña, uno arriba del otro. Cuando los faros iluminan hacia arriba, eso indica que hay un peso hundiendo la parte trasera del vehículo. Otros contrabandistas prefieren furgonetas sin ventanas. Cuando los agentes notan algo sospechoso, como un carro que zigzaguea porque va muy cargado, detienen el vehículo y apuntan la luz de sus linternas a los ojos de los pasajeros. Si los pasajeros no desvían la mirada sino que se quedan como petrificados en los asientos, es probable que sean inmigrantes ilegales. Enrique duerme profundamente hasta que El Tiríndaro lo sacude para despertarlo. "¡Levántate!", dice. La Blazer se detiene para que se bajen. Siguiendo a El Tiríndaro, Enrique y los dos mexicanos trepan por una cerca de alambre y caminan hacia el este, alejándose de la autopista. Luego doblan hacia el norte, paralelo a la autopista. Enrique alcanza a ver el retén en la distancia.

Todos los carros deben detenerse. "¿Ciudadanos estadounidenses?", preguntan los agentes. Normalmente piden documentos.

Enrique y su grupo caminan otros diez minutos, luego giran hacia el oeste, de regreso a la autopista. En el cielo ya despunta el día. Se agazapan junto a un letrero y esperan.

La Blazer se acerca. Enrique vuelve a hundirse en las almohadas. Piensa: he superado el último obstáculo importante. Nunca se ha sentido tan feliz. Recuerda cuando se drogaba con pegamento o marihuana y luego le venía el inevitable bajón. Ninguna droga le ha hecho sentir jamás lo que siente en este momento. Enrique cae en un sueño profundo y dichoso.

Cuatrocientas millas más adelante, Enrique despierta. La Blazer se ha detenido en una estación de servicio en las afueras de Dallas. El Tiríndaro ya no está. Se ha ido sin despedirse. Enrique siente una punzada de tristeza. Era reconfortante estar en un país extraño con alguien en quien confiaba. Al conductor no lo conoce. Enrique sabe que El Tiríndaro gana cien dólares por cliente. Lourdes, su madre, se ha comprometido a pagar 1.200 dólares. El conductor es el jefe; él se queda con la mayor parte del dinero. El Tiríndaro ya va en camino de regreso a México.

La Blazer llega a Dallas cerca del mediodía. Los Estados Unidos se ve hermoso. Los edificios son enormes. Las autopistas no se parecen en nada a las calles de tierra de Honduras. Todo está limpio.

El conductor deja a los mexicanos y lleva a Enrique a una casa grande. Hay una habitación llena de bolsas con ropa de estilo estadounidense de varias tallas. El conductor explica que las tiene para vestir a los migrantes para que pasen desapercibidos. Le dice a Enrique que escoja ropa nueva.

Los contrabandistas se concentran en cerrar el negocio cobrando el dinero que les deben por Enrique. Llaman por teléfono a su madre.

LOURDES

A sus treinta y cinco años de edad, Lourdes se ha encariñado con Carolina del Norte. La gente es educada. Hay mucho trabajo para los inmigrantes y parece seguro. Su hija Diana aprende rápidamente a hablar inglés.

Hace once años que Lourdes no ha visto a los dos hijos que dejó atrás cuando se marchó de Honduras, pero piensa en ellos todo el tiempo. Si pasa por una tienda que vende las cosas que les gustan, piensa en Enrique y en Belky. Cuando ve a un niño de la edad de Enrique piensa: así debe estar mi muchachito.

En un pequeño álbum gris Lourdes guarda tesoros y recuerdos dolorosos: fotografías de su hija Belky en Honduras. A los siete años, Belky viste su traje blanco de primera comunión y largos guantes blancos; a los nueve años lleva una falda amarilla de porrista; a los quince, para su quinceañera, Belky luce un vestido rosado de tafetán con mangas de encaje y zapatos blancos de satén. En otra imagen Belky se inclina sobre un pastel de dos pisos bañado en crema y coronado con un ángel rosado. Lourdes gastó 700 dólares para que la fiesta fuera especial. Recuerda cuántas horas tuvo que trabajar para ganar ese dinero. Le prometió a Belky que trataría de volver a Honduras para el gran acontecimiento. "Yo quería ir, quería ir . . .", dice Lourdes. A los dieciocho años, Belky viste una toga azul y un birrete para su graduación de la escuela secundaria.

También hay fotografías de Enrique: a los ocho años, vistiendo una camiseta sin mangas y rodeado de cuatro cerditos; a los trece se lo ve como el serio hermanito menor en la quinceañera de Belky. La que más le gusta es la foto en la que está con una camisa rosada. Es la única en la que se lo ve sonriente.

Desde lejos, Lourdes se ha preocupado mucho por su hijo. Hace un año, en 1999, su hermana de Honduras le dijo la verdad acerca de Enrique: "Se está metiendo en problemas. Está cambiado". Lourdes se enfermó cuando supo que Enrique se drogaba. Ahora que Enrique ha emprendido un viaje tan peligroso, está más preocupada que nunca.

Cuando Lourdes llamaba a Honduras, siempre le decía a Enrique que tuviese paciencia. Le prometía que se iban a reunir pronto. Ahora, él viene en camino. Está contenta porque va a verlo, pero también está ansiosa porque la separación ha sido muy larga.

Lourdes no ha dormido. Se ha pasado parte de la noche en la cocina, rezando ante una vela alta adornada con la imagen de San Judas Tadeo, el santo de las causas difíciles y desesperadas. Toda la noche, desde que Enrique la llamó por última vez desde un teléfono público al otro lado del río Grande, ha tenido visiones de su hijo muerto, flotando ahogado en el río. Lourdes le dice a su novio: "Lo que más me asusta es no volver a verlo".

Suena el teléfono. La que llama es la mujer contrabandista. Dice: "Tenemos a tu hijo en Texas, pero 1.200 dólares no alcanzan. Queremos 1.700".

Lourdes sospecha. Quizá Enrique está muerto y los coyotes quieren cobrar igual. "Póngalo en la línea", exige Lourdes. ¿Cómo puede confiar en ellos?

Salió a comprar comida, dice la contrabandista. Lourdes no se deja convencer.

Está dormido, dice la contrabandista.

¿Cómo puede hacer ambas cosas al mismo tiempo? Lourdes insiste en hablar con él.

Por fin, la contrabandista le pasa el auricular a Enrique.

"¿Sos vos?", pregunta ansiosamente la madre.

"Sí, mami, soy yo", le oye responder.

Aun así, Lourdes no está convencida de que es Enrique.

Después de todo, en once años ha escuchado su voz en contadas ocasiones.

"¿Sos vos?", pregunta de nuevo. Piensa qué puede preguntarle al muchacho, cualquier cosa, algo que sólo Enrique pueda contestarle. Le viene a la mente lo que Enrique le había dicho sobre sus zapatos cuando llamó desde el teléfono público.

"¿Qué zapatos tenés?".

"Dos zapatos izquierdos", dice Enrique.

El miedo que sentía la madre retrocede como una ola que vuelve al mar. *Es* Enrique. Se siente plenamente feliz.

Lourdes envía el dinero a Dallas.

Enrique se pone la ropa y los zapatos limpios que le dieron los contrabandistas. Van a un restaurante. Allí Enrique come pollo bañado en salsa de crema. Limpio y saciado en el país adoptivo de su madre, Enrique se siente feliz.

Los contrabandistas lo llevan en carro a una sucursal de Western Union, una compañía que puede transferir dinero instantáneamente de una persona a otra. Pero no hay dinero a nombre de su madre.

¿Cómo puede ella hacerle esto? En el peor de los casos, Enrique piensa que puede echar a correr. Huir. Pero los contrabandistas no le quitan el ojo de encima. Llaman otra vez a Lourdes.

Lourdes dice que ha girado el dinero a nombre de otra inmigrante que vive con ella, porque tiene descuento en el banco. El dinero tiene que estar allí bajo ese nombre.

El dinero está.

Pero no hay tiempo para festejos.

Los contrabandistas le dicen a Enrique que lo van a dejar con otro miembro de la banda. Lo llevan a una estación de servicio y Enrique corre a meterse en una furgoneta verde. Hay otros cuatro migrantes en la parte de atrás de la furgoneta. Se van de Texas rumbo a Orlando, Florida.

Para Enrique es un lujo viajar en automóvil.

El REENCUENTRO

El novio de Lourdes falta a su trabajo para ir a Orlando, donde Enrique lo está esperando.

"¿Sos el hijo de Lourdes?", pregunta.

Enrique lo mira. Reconoce de inmediato el rostro bien parecido y bondadoso que estaba en un video que alguien llevó a Honduras después de visitar a Lourdes en los Estados Unidos.

Enrique asiente.

En el carro hablan poco. Enrique se queda dormido.

Para las ocho de la mañana del 28 de mayo, Enrique ya está en Carolina del Norte.

Enrique se despierta asustado. "¿Estamos perdidos?", pregunta. "¿Está seguro de que no nos hemos perdido? ¿Sabe adónde vamos?".

"Ya mero llegamos", le contesta el novio de Lourdes con tono amable.

Avanzan rápidamente por rutas recién pavimentadas, entre olmos, pinos, letreros, sembradíos, lirios amarillos y lilas. El carro cruza un puente y pasa por pasturas para ganado con grandes rollos de heno. Al final de un camino de grava aparecen unas casas-remolque. Una es de color beige con toldos blancos de metal. Está rodeada de árboles altos y frondosos.

A las diez de la mañana, después de 122 días y más de 12.000 millas recorridas—incluyendo los siete intentos fallidos de reunirse con su madre—Enrique, once años mayor que cuando ella lo dejó, se baja de un salto del asiendo trasero del auto, sube los cinco escalones gastados de madera de secoya y abre de un golpe la puerta blanca de la casa-remolque.

A la izquierda, más allá de la diminuta sala, hay una niña con cabello negro largo hasta los hombros y flequillo rizado. Está desayunando en la mesa de la cocina. Enrique se acuerda de que la ha visto en una fotografía. Es su hermana Diana. Ya tiene nueve años.

Enrique se inclina y besa a la niña en la mejilla.

"¿Sos mi hermano?".

Enrique asiente con la cabeza. "¿Dónde está mamá? ¿Dónde está mamá?".

Con un gesto, Diana le señala el otro extremo de la casa.

Enrique se echa a correr. Zigzaguea por dos pasillos angostos. Abre una puerta. Adentro, la habitación está a oscuras. Su madre duerme en una cama de dos plazas, bajo una ventana con cortinas de encaje. De un salto, Enrique se pone a su lado. La abraza. Luego la besa.

"Estás aquí, mijo".

"Sí, aquí estoy".

8

QUIZÁ UNA NUEVA VIDA

Al principio, ni Enrique ni Lourdes lloran. Él la besa de nuevo en la mejilla. Ella lo estrecha entre sus brazos. Enrique ha vivido esto en sueños mil veces. Todo sucede exactamente como él lo había imaginado.

Se pasan el día hablando. Él le cuenta de su viaje: la paliza en el techo del tren, cómo saltó para salvarse, el hambre, la sed y el miedo. Ha perdido 28 libras y ahora pesa 107. Lourdes le cocina un cerdo frito con arroz y frijoles y siente placer al verlo comer.

El niño que Lourdes vio por última vez cuando estaba en el jardín de infancia ahora es más alto que ella. Tiene su nariz, su cara redonda, sus ojos, su pelo rizado. Lourdes tiene tres hijos, pero Enrique es especial. Es su único hijo varón.

"Mire, mami, mire lo que tengo aquí". Enrique se sube la camisa. Ella ve el tatuaje.

EnriqueLourdes.

Su madre da un respingo. Los tatuajes son para delincuentes, para gente que está en la cárcel. "Tengo que decírtelo, hijo, no me gusta". Hace una pausa. "Pero por lo menos, si tenías que hacerte un tatuaje, te acordaste de mí".

"Siempre me acordé de usted".

Enrique le habla de Honduras, le cuenta que vendía los zapatos y la ropa que ella mandaba para comprar pegamento, que quería alejarse de la droga, que anhelaba estar con ella. Por fin, Lourdes rompe a llorar.

Lourdes pregunta por Belky, la hija que está en Honduras, por su madre y por sus hermanos fallecidos. Luego se calla. Siente demasiada culpa.

En la casa-remolque viven ocho personas. Varios de ellos han dejado a sus hijos atrás. Sólo tienen fotografías. El novio de Lourdes tiene dos hijos en Honduras. Lleva cinco años sin verlos. La casa está inundada de sentimientos de culpa.

Los niños como Enrique sueñan con encontrar a sus madres y vivir felices para siempre. Durante semanas, y hasta meses, los niños y sus madres se aferran a nociones de cuento de hadas sobre lo que deben sentir el uno por el otro. Luego afloran los verdaderos sentimientos. Los niños dicen que les duele que los hayan dejado. Acusan a sus madres de haberles mentido cuando les prometieron que regresarían pronto o que enviarían por ellos. Ahora que los niños están en los Estados Unidos, sus madres trabajan mucho y no tienen tiempo para compensar por toda la atención que les faltó cuando estuvieron separados. Peor aún, se avivan los celos cuando las atenciones de la madre tienen que compartirse con hijos que ella tuvo en los Estados Unidos.

Las madres exigen que sus hijos las respeten por el enorme sacrificio que han hecho al venirse a los Estados Unidos para que sus hijos pudiesen comer y estudiar. Ellas han trabajado duro y han vivido en soledad lejos de sus familias y sus hijos. Cuando los hijos las acusan por haberlos abandonado, las madres piensan que son unos mocosos desagradecidos.

A medida que pasa el tiempo, las madres y los hijos descubren cuán grande es la distancia que los separa.

NOTICIAS DE LOS ESTADOS UNIDOS

En Honduras, la abuela Águeda va a la casa de al lado en busca de María Isabel y su tía Gloria.

Trae una noticia: Enrique está en los Estados Unidos. Ha llegado a la casa de Lourdes.

María Isabel se lamenta: "¡Ya no va a regresar!". Se encierra en su habitación y llora dos horas seguidas. ¿Se volverán a ver alguna vez? Por la noche, la tía Gloria la oye sollozar.

Durante los meses siguientes, María Isabel se pasa horas enteras en silencio, sentada sobre una roca que hay frente a la casa de su tía Gloria.

"Alégrate", le dice la tía Gloria. "Él ya está allí. Te va a mandar dinero. Si él se quedaba, los dos se iban a morir de hambre". Pero María Isabel, que normalmente tiene un temperamento alegre, está inconsolable.

Belky también está deprimida. Deja de hablar. Se pregunta

si acaso no debería haber corrido el riesgo de irse con su hermano. Ahora tanto Enrique como Diana están con Lourdes. "Yo soy la única que queda aquí", le dice entre lágrimas a su tía Rosa Amalia.

TERRENO DESCONOCIDO

A Enrique le cae bien la gente que vive en la casa-remolque, especialmente el novio de su madre. Piensa que el novio de Lourdes puede ser un padre mucho mejor que su propio padre.

El novio de Lourdes lo ayuda a conseguir trabajo de pintor. Con su primer cheque, Enrique ofrece contribuir 50 dólares para la comida. Le compra un regalo a Diana: un par de sandalias rosadas que costaron 5,97 dólares. Envía dinero a Belky y a María Isabel en Honduras.

Lourdes se jacta con sus amigas. "Este es mi hijo. ¡Mírenlo! Está tan grande. Es un milagro que esté aquí".

Cada vez que Enrique sale, ella lo abraza. Cuando Lourdes regresa del trabajo, se sientan juntos en el sillón a ver su telenovela favorita y ella apoya su mano en el brazo de Enrique. Cada domingo van juntos a comprar comida para toda la semana. Lourdes cocina para Enrique, y él empieza a recuperar peso.

Sin embargo, con el tiempo, Lourdes y Enrique descubren que se conocen muy poco. No saben lo que le gusta y lo que no le gusta al otro. No se han visto en más de diez años. Son dos extraños.

Al principio, en la casa Enrique es callado y tímido. Pero

cuando ya está instalado, empieza a cambiar. Se va a un salón de billar sin pedir permiso. Cada tanto dice palabrotas. Lourdes le pide que no lo haga. Enrique quiere trabajar pintando casas para ganar dinero. Su madre quiere que estudie inglés y se prepare para una profesión.

"¡No, mami!", protesta él. "A mí nadie me va a cambiar".

Con la otra gente, Enrique es abiertamente cariñoso, especialmente con su media hermana Diana. Le da dinero, la lleva en carro a la tienda, juegan al caballito, la abraza. Le enseña a bailar. Juegan a hacer rimas. Diana está contenta de tener un hermano mayor.

Con su madre, Enrique tiene poca paciencia. Los regaños de Lourdes suelen desencadenar peleas. No bebas si vas a manejar, le dice ella. Cuidado con la bebida. No despilfarres el dinero. No podés gastar mil dólares como gastás diez. Lourdes le echa la culpa a la abuela María: ella lo malcrió de niño y lo dejó hacer lo que quería. Lourdes está decidida a disciplinar a su hijo. Es por su propio bien, dice.

Pero Enrique no la deja. Le dice que no puede tratarlo como al niñito que dejó atrás. Él ha crecido. ¿Acaso no tuvo que arreglárselas solo de niño? ¿No atravesó México trepado a los trenes? "¡Usted se mete en cosas que no son asunto suyo!", grita Enrique, y le dice que se calle y lo deje en paz.

"¡Me vas a respetar cuando te hablo!", grita Lourdes. "¡Soy tu madre!". Se le acerca por detrás y le da varias nalgadas.

"¡No tiene derecho a pegarme! ¡Usted no me crió!". Enrique le dice que sólo su abuela María tiene derecho a pegarle, porque ella lo crió.

Lourdes no está de acuerdo. "Yo mandé dinero. Yo te mantuve. ¡Eso es criarte!".

Enrique se encierra en el baño y solloza. Avienta todo lo que encuentra: pasta de dientes, champú, un frasco de perfume. Diana se esconde en la habitación y se echa a llorar. El novio de Lourdes trata de calmarla.

Enrique se va de la casa tempestuosamente. El novio de Lourdes y su primo recorren las calles buscándolo. Enrique se esconde detrás de una pequeña iglesia que hay a dos millas de distancia. Duerme en el cementerio que hay detrás de la iglesia, entre las lápidas. El cementerio le trae recuerdos que lo acosan. Recuerda cuando se tumbó sobre una cripta en Chiapas, rogando desesperadamente que no lo atrapara la policía. Ahora se despierta rodeado de grillos y pasto bañado de rocío con una preocupación diferente. Siente culpa por haberse enojado con su madre. Se pregunta si sólo quería una prueba de amor, buscando ver si ella lo seguiría.

Lourdes pasa la noche en vela. Sabe que él la está castigando, que sólo quiere que ella se preocupe, y que volverá. ¿Pero qué les depara el futuro a ambos si ya están peleando? ¿Siempre va a ser así? Parece que el resentimiento de Enrique hacia ella por haberlo dejado no se ha desvanecido con el tiempo, sino que se ha ido acumulado más. Ella esperaba que Enrique la amara como el niño de cinco años que se aferraba a ella en Honduras. Ella ha sido una buena persona, una buena madre. ¿Por qué Dios la castiga?

Al día siguiente, por la tarde, se impone el amor que sienten el uno por el otro. Enrique vuelve a la casa y se disculpa con su madre por haberse ido enojado y por haberle causado preocupación. Le dice que la ama. La consuela con una mentira inocente. Le dice que pasó la noche durmiendo a salvo en el carro de ella.

Se abrazan y se besan. Esa noche, se sientan juntos en el sillón de la sala a mirar telenovelas. Sentada junto a él, Lourdes siente el amor de su hijo.

UNA NUEVA VIDA

Cuando Enrique llama a Honduras, se entera de que María Isabel está embarazada, como lo sospechaba antes de marcharse. El 2 de noviembre de 2002 María Isabel da a luz a la hija de ambos.

La bautizan Katerin Jasmín. La niña se parece a Enrique. Tiene su boca, su nariz, sus ojos. Una tía exhorta a María Isabel a que se vaya sola a los Estados Unidos. Promete que cuidará a la niña.

"Si tengo la oportunidad, me voy", dice María Isabel. "Dejo a la niña y me voy".

Enrique está de acuerdo: "Vamos a tener que dejar a la niña".

9

LA NIÑA QUE QUEDÓ ATRÁS

Enrique sabe que no odia a su madre. Pero cada día que pasa su resentimiento va en aumento. Después de unos meses de estar con Lourdes, ya no puede contenerse. Un día pierde los estribos y se descarga con una diatriba.

Le dice a Lourdes que no quería a sus hijos lo suficiente como para quedarse con ellos en Honduras. ¿Acaso pensaba que el dinero que enviaba podía reemplazar su presencia? ¿Creía que eso alcanzaba para aliviar la soledad que él sentía cuando lo pasaban de un pariente a otro? "El dinero no resuelve nada", afirma.

Enrique recrimina a Lourdes por haberlo dejado con su padre sabiendo que era un irresponsable. ¿Por qué no lo dejó con su propia familia, que se ocupó de su hermana Belky? ¿Por qué no envió dinero suficiente, forzándolo a vender especias cuando tenía sólo diez años?

"¿Cómo podía yo pedirle algo a usted?", le dice a Lourdes. "Yo me pasaba un año sin hablar con usted". Enrique acusa a Lourdes de haber preferido a Belky, porque mandaba dinero para pagar la escuela privada adonde la mandaba su tía. "A Belky siempre le dio más", dice. "Belky va a ser una profesional. Míreme a mí". Enrique insiste en que él quería estudiar, pero no quería mendigarle el dinero necesario a su madre.

No han ganado nada con la separación tan larga, dice Enrique. "La gente viene aquí para prosperar. Usted no tiene nada aquí. ¿Qué ha conseguido?". Enrique está fuera de sí. Está tan enojado que quiere herir los sentimientos de Lourdes.

Si ella se hubiese quedado en Honduras, le grita, a él le habría ido mejor. "Yo no sería así si tuviera padre y madre".

¿Por qué siempre prometía volver para Navidad y nunca aparecía? Una vez que supo que él inhalaba pegamento y que estaba en problemas ¿cómo pudo permanecer alejada? "Usted me dejó, me abandonó", dice Enrique. La regaña por lo que considera el peor error de su madre: "No debiera haberse embarazado hasta estar segura de que los hijos que ya tenía estaban bien".

Una madre verdadera no es la que te lleva en el vientre, le dice a Lourdes. Es la que te cría y te cuida. Le dice que su verdadera madre es su abuela María. Echa de menos los frijoles y los espaguetis que ella le cocinaba. Echa de menos cómo le cantaba "feliz cumpleaños" todos los años.

Luego Enrique le asesta a Lourdes el golpe más doloroso. Le dice que piensa dejarla y regresarse a Honduras en dos años. "No voy a hacer lo mismo que usted, eso de quedarme aquí para toda la vida".

Lourdes se siente aturdida. Su corazón se llena de culpa y dolor. Debe mostrarle a Enrique que está equivocado. "¿Y el dinero que te mandé?", le dice. Ella le mandó todo lo que él le pidió, como un televisor y un balón de fútbol. Belky recibió más dinero porque la tía Rosa Amalia la presionaba para que le pagara a Belky una escuela privada.

Lourdes le habla a Enrique de lo que ella sufrió durante los años de la separación. Por primera vez, admite que vivió en la pobreza extrema y en circunstancias humillantes. Le cuenta que trabajó de fichera en un bar, rodeada de hombres borrachos, que limpiaba las casas de gente rica que se burlaba de ella, que fue firmemente independiente y trabajadora para ocuparse de la salud y la felicidad de sus tres hijos: "Me he matado por ustedes", le dice exasperada.

Ella no es como otras madres que conoce, esas que se van de Honduras y se olvidan de sus hijos, no llaman nunca, no escriben. Yo llamaba. Yo escribía, le dice Lourdes a su hijo. Echale la culpa a tu padre, dice Lourdes. Él se comprometió a cuidarte mientras yo no estuviera. Él te abandonó. La familia de tu padre tenía la misma responsabilidad de proveer por vos. En cambio, dice Lourdes, ella también está fuera de sí, tu abuela María te mandó a vender especias en el mercado, y allí aprendiste a usar drogas.

"Sos quien sos porque no quisiste estudiar", agrega Lourdes. "No es mi culpa. Yo quería que estudiaras. Vos preferiste dedicarte a las drogas". Si ella le hubiese mandado más dinero, él se lo habría gastado en drogas, le dice Lourdes a Enrique.

Lourdes recuerda que su propia madre no podía darles alimento suficiente a sus hijos. Cuando tenía ocho años, Lourdes empezó a buscar chambas. Una vecina le daba ropa para lavar en el río dos veces por semana. Cuando tenía nueve años, su madre las despachó a ella y a su hermana Rosa Amalia, que tenía diez años, a trabajar como criadas domésticas. Lourdes tuvo que dejar la escuela primaria. A los catorce años, su madre la mandó a vivir con su hermano Marco en el sur de Honduras.

"Mi madre es sagrada para mí. Yo le agradezco lo poco que hizo por nosotros", afirma Lourdes. Le dice a Enrique que es un mocoso desagradecido. Le dice que Dios lo va a castigar por su comportamiento. Algún día, agrega, tu hija te va a tratar como vos me tratás a mí.

"¡Cállese! ¡Déjeme en paz!", grita Enrique.

Se pelean todos los días. Enrique se deleita en contradecir a su madre para hacer que se enoje aun cuando sabe que ella tiene razón. Le parece muy gracioso verla enfurecida. Durante la cena, eructa ruidosamente y no se disculpa. Da portazos y pone la música a todo volumen. Habla al mismo tiempo que ella para molestarla. Deja su ropa y sus zapatos desparramados por toda la sala y ni siquiera levanta su propio plato después de cenar. Cuando sale de noche, no le dice a Lourdes adónde va.

Enrique se refugia de las peleas en el alcohol. Como echan de menos su tierra, casi todos los hombres que trabajan en su misma cuadrilla de pintores beben mucho. De jueves a domingo Enrique va por las noches a un bar cercano con un cielorraso bajo y oscuro, cuatro mesas de billar, una barra larga y un *jukebox* con música latina. Empieza a frecuentar una discoteca y gasta dinero en tragos y en bailes del regazo. Después de salir, Enrique no tiene dinero para pagarle a Lourdes su parte de las cuentas. No envía a María Isabel y a su hija todo el dinero que podría enviarles.

Casi siempre se va a dormir borracho a la una de la madrugada y se levanta a las seis de la mañana para ir a trabajar.

Enrique no está cumpliendo la promesa que hizo de abandonar los vicios una vez que cruzara a los Estados Unidos. Pero se siente raro, incómodo, si no está borracho o drogado.

Por lo menos ya no inhala pegamento.

Enrique se atiene a un ritual. Cada domingo llama a Honduras para hablar con María Isabel.

Ella espera su llamada en la casa de una prima de Lourdes. Cuando levanta el teléfono, está tan conmovida que no puede hablar.

"María Isabel, decí algo, cualquier cosa", le ruega Enrique.

"Te echo de menos. Te quiero. No me olvides", dice ella entre lágrimas.

Enrique empieza a esforzarse para mandarle 100 dólares por mes. Jura que volverá a Honduras en dos años y que criarán juntos a Jasmín.

LAS FIESTAS

Llega el invierno. La familia de Enrique y los otros que compartían la casa-remolque se mudan a un dúplex de tres dormitorios. Tiene una cocina grande y en la sala hay tres sillones cubiertos con fundas floreadas de color lila. Hay espacio suficiente para colgar un cuadro de la Virgen de Guadalupe, un bajorrelieve de madera con el mapa de Honduras y una pequeña bandera de los Estados Unidos. Aun así, la casa está abarrotada de gente.

Hasta ahora, Enrique no ha recaído en su peor vicio: aspirar pegamento. Unos días antes de Navidad, ya no le alcanza con cerveza y marihuana. Al final del día de trabajo, echa un poco de solvente en una lata vacía, tratando de drogarse con los vapores. Se lleva la lata a casa. La noche siguiente hace lo mismo. El solvente no le hace el mismo efecto que el pegamento en Honduras, pero lo tiene a la mano.

Aun en una casa más grande, a Enrique le resulta difícil ocultar su malos hábitos. Una noche, cuando está por salir para encontrarse con amigos, Lourdes ve que Enrique lleva algo escondido bajo el brazo.

"¿Qué llevás ahí? Mostrame", le dice Lourdes desde el sillón de la sala.

Enrique pasa por delante de Lourdes. "No es asunto suyo".

Lourdes se incorpora de un salto y lo toma por la camisa. Huele el solvente. Sabe lo que significa.

"¡Estás perdido, arruinado! ¡Un drogadicto! ¿Para qué viniste? ¿Para terminar de arruinarte?". Lourdes no puede contenerse. Ya no le importa lo que piensen su novio y los tres parientes de su novio que están escuchando en la sala.

Enrique forcejea para soltarse. Maldice a su madre.

"¡Sos una vergüenza! ¡Arreglate ya!". Lourdes le dice a Enrique que si sigue inhalando solvente tendrá que irse de la casa. Ella tiene que pensar en su hija Diana. No quiere que esté expuesta a las drogas.

Enrique no le contesta. Sale por el camino de grava haciendo derrapar las llantas.

Lourdes está abatida. Le preocupa que Enrique acabe muerto por manejar con imprudencia. Por primera vez en su vida, siente que se quiere morir. Si ella no estuviera quizá Enrique comprendería realmente lo que significa no tener una madre, piensa.

Enrique se da cuenta de que su cuerpo no tolera el solvente. Cada vez que aspira los vapores le duele mucho el lado izquierdo de la cabeza, donde lo golpearon más ferozmente en el techo del tren. Su párpado izquierdo, que todavía está un poco caído debido a la golpiza, palpita y tiene espasmos. Siente un dolor espantoso cuando voltea la cabeza.

Deja de inhalar. No lo hace porque lo quiera su madre, sino por sí mismo, insiste.

Lourdes se prepara para la primera Navidad que va a pasar con Enrique desde el reencuentro. Con los años, la Navidad se ha convertido en una fiesta que espera con aprensión. Cada Navidad que ha pasado lejos de sus hijos, Lourdes lloraba y su corazón se endurecía un poco más. No quería que llegara Navidad.

Este año tiene poco dinero porque tuvo que pagarle al contrabandista de Enrique. Arma un pequeño árbol navideño de plástico. Lo carga de adornos. Enrique le dice que está muy feo. En Nochebuena, Enrique deja de lado a la familia y sale de copas con amigos. Vuelve a casa tarde y borracho. A la mañana siguiente, Lourdes le da a su hijo una camisa. Enrique no tiene un regalo para su madre. Ella se siente herida.

Enrique no puede dejar de pensar en todas las Navidades que ella le ha arruinado, en todas las veces que él la esperó y ella no vino. Ahora quiere arruinarle la Navidad a ella.

La víspera de Año Nuevo es mejor. Lourdes nunca ha celebrado el Año Nuevo en los Estados Unidos. Le trae demasiados recuerdos de Honduras, de cómo se salía de una fiesta a la medianoche y corría a casa a abrazar a su madre. Este año, ella y Enrique van a una fiesta. A la medianoche, Lourdes besa a su hijo. Enrique le responde abrazándola fuerte. "Feliz Año. Te quiero", le dice a su madre. Por primera vez en todos los años que lleva viviendo en los Estados Unidos, Lourdes no llora en la víspera de Año Nuevo.

NOTICIAS DE HONDURAS

La familia de Enrique empieza a criticar a María Isabel. Las tías de Enrique dicen que Jasmín anda descalza, sucia y mal vestida. Está pálida, delgada y muchas veces tiene tos. Si Enrique envía dinero, se quejan las tías ¿por qué María Isabel no la lleva a un buen médico privado en vez de llevarla a la clínica pública?

María Isabel gasta casi todo el dinero en Jasmín. También le da 15 dólares por mes a su tía Gloria. Llena el refrigerador de Gloria con fruta, leche y pollo. Le manda 10 dólares a su madre que vive al otro lado de la ciudad para ayudarla a comprar remedios para el asma.

Las tías y la hermana de Enrique, que viven en la casa de al lado, le dicen que María Isabel gasta demasiado en su propia familia y no gasta lo suficiente en la hija de Enrique. María Isabel está furiosa, pero no dice nada. Nunca en su vida pudo vestirse decentemente. ¿Acaso no puede ahora comprarse un vestido o derrochar 2,50 dólares para teñirse el pelo? No puede vivir con su tía Gloria sin ayudarla.

María Isabel está agradecida por lo que manda Enrique. Pero igual no alcanza.

Mirian, la tía de Enrique, está enojada porque no le alcanza el dinero para alimentar bien a sus tres hijos ni para mandarlos a la escuela, y entretanto todo el dinero de Enrique se lo queda la niña de al lado. Le escribe a Enrique una carta sobre María Isabel, informándole, simplemente, que María Isabel no es buena madre y que está malgastando el dinero de Enrique.

Por teléfono, Enrique regaña a María Isabel: "Si no cuidás bien a la niña, le voy a decir a mi familia que te la quiten".

Por un momento, María Isabel se queda callada. Luego, su voz se vuelve tensa. "Nadie me va a quitar a mi hija".

María Isabel ha empezado a odiar a la familia de Enrique. Un día, cuando ya no aguanta ni una crítica más, les ofrece a Jasmín. "¡Aquí está! ¡Llévensela! Críenla ustedes. Que Enrique les mande el dinero a ustedes. Si es por los dólares que inventan

lo que inventan, entonces guárdense sus malditos dólares!".
María Isabel decide mudarse lejos de ellos y regresa a la choza
de madera de su madre, sobre la ladera de una montaña en un
barrio llamado Los Tubos. Para llegar hasta la casa, hay que
subir una senda lodosa tan empinada que María Isabel tiene
que agarrarse de las raíces de un gomero para trepar hasta la
puerta. En la choza duermen nueve personas. Mientras María
Isabel trabaja, su madre Eva y su hermana menor se ocuparán
de Jasmín, que ya tiene un año y medio. María Isabel no le da
su nueva dirección a la familia de Enrique.

La familia de María Isabel, una de las más pobres de Los
Tubos, come dos veces por día. No tienen refrigerador. Coci-
nan sobre dos calentadores pequeños. Sólo los ha salvado del
desastre la hermana mayor de María Isabel, que viven en Texas
y envía dinero. La mayoría de los niños no van a la escuela
secundaria porque no pueden pagar el boleto de autobús. Los
hombres trabajan como albañiles, las mujeres son empleadas
domésticas en las casas de los ricos.

Aun así, ahora María Isabel vive mejor que antes.

Seis días por semana, a las once de la mañana, María Isabel
se va a su nuevo trabajo en una tienda de ropa para niños en el
Mall Multiplaza del centro de la ciudad.

Allí, las vendedoras le piden a María Isabel que les alcance
desde la trastienda un par de zapatos de tal número y modelo.
Ella les alcanza la caja por una abertura que hay en la pared. El
luminoso centro comercial, donde van de compras los ricos de
Tegucigalpa, tiene pisos de mármol color beige, macetas con
palmeras, aire acondicionado y elevadores de cristal.

María Isabel regresa a casa a las 10:30 de la noche. Gana 120 dólares por mes.

Jasmín juega con muñecas y las baña. Persigue a las gallinas de su abuela, que corren espantadas por el piso de la cocina. Juega con una vecinita a disfrazarse o al "agua de limón", dando vueltas tomadas de las manos.

A María Isabel, la niña le recuerda cada vez más a su padre. Igual que Enrique, se para con las rodillas juntas, la pelvis hacia adelante y la nalgas hacia adentro. Tiene una voz ronca y profunda igual que él. Tiene el mismo temperamento de Enrique y Lourdes: se enoja fácilmente, es tenaz, combativa y obstinada.

Cuando Jasmín cumple dos años, María Isabel empieza a llevarla a un locutorio para que hable por teléfono con su padre. María Isabel se sabe el número de memoria.

Se sienta delante de la computadora gris y la pequeña se acomoda entre sus piernas. "Mami, páseme el teléfono", exige Jasmín, tendiendo el brazo para tomar el auricular. Mucho de lo que Jasmín le dice a su padre es lo que María Isabel le ha dicho que debe decir. Jasmín regresa a la casa de su abuela y anuncia con orgullo: "Hablé con mi papá Enrique".

"No se conocen, pero son de la misma sangre", le dice Eva a María Isabel.

Con frecuencia, Eva le muestra a Jasmín las ocho fotografías que Enrique les ha enviado. Le dice que algún día se irá en avión a ver a su papá. Jasmín deduce que su padre también se debe haber ido en avión. Siempre que se oye el sonido de un avión en el cielo, Jasmín interrumpe lo que está haciendo y sale rápidamente. Mira hacia arriba con los ojos brillantes. Alza los brazos y los agita frenéticamente. "¡Adiós, papi Enrique!", exclama la niña.

NADA DE QUÉ ARREPENTIRSE

Enrique lleva casi dos años y medio viviendo en los Estados Unidos. Está estresado. La compañía para la que trabaja los obliga a pintar demasiado rápido. Cuando llega a casa está extenuado e irritable.

Lourdes está harta de las peleas y de la culpa que la hizo malcriar a Enrique cuando estaba recién llegado. Ella le preparaba el almuerzo, le cocinaba la cena, llevaba el dinero para pagar la cuota de su camioneta. Todo el tiempo, Lourdes se preguntaba: Si ella no lo hubiese dejado, ¿Enrique habría sido distinto?

Lourdes se da cuenta de que Enrique hace todo lo posible por enojarla, así que trata en lo posible de mantener distancia. Si Enrique hace algo que a ella no le gusta, se esfuerza mucho por no hacer caso. Ya no le lava la ropa. Ya no salen a cenar los sábados por la noche ni van de compras los domingos.

Una noche, Lourdes y su novio están mirando una telenovela en el televisor que está en la sala. Al lado, en la cocina, Enrique y un amigo están jugando a los naipes. Cada vez que se descartan, gritan.

Lourdes entra en la cocina. Se ve disgustada. "¿Qué hacen?", pregunta.

"Si no quiere ruido, debe usted vivir sola", contesta Enrique sin levantar los ojos del juego.

"Sos un ignorante", responde Lourdes.

Lourdes regresa a la sala. Enrique y su amigo golpean los naipes contra la mesa más y más fuerte.

Lourdes irrumpe en la cocina. Su novio sabe que está por armarse el jaleo. La sigue.

"¡Silencio!", ordena Lourdes. "Debés respetarme. No olvides que soy tu madre. Yo te di la vida".

"Yo no la quiero a usted como madre. Yo quiero a mi abuela".

"Yo te traje al mundo".

"Eso no es mi culpa".

Lourdes agarra la camisa de Enrique por los hombros. Enrique empuja la silla hacia atrás y se incorpora violentamente. Lourdes le da una fuerte bofetada en la boca. Enrique le sostiene las dos manos cerca del cuello para impedirle que siga golpeándolo. Lourdes interpreta que quiere tomarla por la garganta. "¡Soltame!", chilla.

El novio de Lourdes los separa. Luego se lleva al muchacho afuera. Enrique está llorando.

Esta pelea es la gota que rebalsa el vaso. Nadie se disculpa.

En el dúplex hacinado de gente, todos están hartos de las peleas. Es un ambiente muy malo para criar a Diana. Enrique decide mudarse y alquilar una habitación en una casa-remolque.

Pagar su propio alquiler significa que gasta en los Estados Unidos dinero que de otro modo enviaría a Honduras. El alquiler y su porción de los servicios le cuesta 280 dólares. Después de pagar las cuotas de la camioneta, el teléfono celular y la comida, le queda muy poco dinero. Ha tenido que pagar dos multas que le hizo la policía. A veces, cuando tiene poco trabajo, Lourdes le tiene que prestar dinero.

Antes, Enrique le mandaba dinero a María Isabel todos los meses. Pero en el último año sólo le ha girado dinero cuatro veces, entre 150 y 180 dólares cada vez.

A Enrique le da vergüenza confesarle a María Isabel que tiene poco dinero, y no quiere que ella sepa cuánto gasta en cerveza. Ella se pregunta si envía menos dinero para su hija porque se lo está gastando en una novia. Enrique le jura que no hay ninguna otra mujer.

Aun así, la relación se está desmoronando.

Los amigos de María Isabel le dicen: sabemos que adorás a Enrique, pero no te vuelvas vieja esperándolo. Si no envía por vos o si no regresa pronto, encontrá a otro antes de perder tu belleza.

Cuando Enrique recién se había marchado, María Isabel estaba desesperada por estar con él. Con el tiempo se ha adaptado a su ausencia. Cuando hablan por teléfono, ya no llora tanto. María Isabel está cambiada, más madura. Ahora su vida gira en torno a su hija.

"Lo quiero, pero no como antes", dice.

María Isabel ha oído que Enrique bebe demasiado. Conoce su pasado con las drogas y se pregunta si debe creerle a Enrique cuando afirma que ya no se droga.

Otra cosa que la preocupa es que Enrique ya no llama tan a menudo. Isabel siente que él la ha dejado de lado. Parece que las llamadas van pero no vienen. Se ha cansado de pasarse toda la mañana del domingo, su único día libre, en el locutorio del centro para llamar a Enrique. Deja de llamarlo.

Enrique ya no habla de regresar a Honduras. Dice que le gustan las comodidades que hay en los Estados Unidos.

Él no ha contratado un contrabandista que la traiga a los Estados Unidos porque ella no se lo ha pedido. Ella no ha dicho que va a venir porque él no ha contratado a un contrabandista. Cuanto menos hablan, menos se entienden. Ambos están emperrados en su orgullo.

PROGRESO

El tercer Año Nuevo que Enrique pasa en los Estados Unidos, Enrique decide cambiar. Ya no puede seguir pensando en el pasado. Se está haciendo más mal a sí mismo que a su madre.

Por beber tanto alcohol, le duele el estómago constantemente. Está cansado de ir a trabajar con náuseas después de pasar la noche fuera bebiendo. Les dice a sus amigos que dejará la cerveza y las drogas cuando María Isabel esté a su lado. Espera poder enviar por ella el año próximo y casarse con ella.

Se corta el pelo y pierde el peso que ha ganado por la cerveza. Le gustaría borrar las cicatrices que tiene en la frente y en las rodillas, el bulto bajo la piel junto a su ojo izquierdo, el dolor en los dientes cada vez que come algo caliente o frío. Quizá al menos pueda hacer que le coloquen coronas en los dientes rotos.

Enrique ya no da portazos ni pone la música a todo volumen. Si eructa, se disculpa. Los sábados por la noche él y Lourdes miran juntos el programa *Sábado Gigante*, como hacían cuando él estaba recién llegado.

Enrique empieza a trabajar siete días a la semana. Poco a poco va disminuyendo su consumo de cerveza y marihuana. Antes salía tres o más veces por semana; ahora sale una o dos veces por mes a jugar al billar. Bebe algunas cervezas, luego cambia a refrescos. Cuando los amigos lo invitan a una fiesta, él les dice que ya no está interesado.

Para Enrique, lo más importante es ser más responsable por el bien de Jasmín. No puede permitir que ella crezca con las mismas angustias económicas que sufrió él. Quiere que ella estudie. Ya no puede dilapidar cientos de dólares en una noche de parranda, o miles en líos con la policía. Eso ha sido un enorme despilfarro de dinero.

Si no cambia, va a repetir el error de su madre; va a pasar el tiempo y Jasmín se criará sin él. Debe ahorrar 50.000 dólares lo antes posible para comprar una casa y poner en marcha un negocio en Honduras.

Casi todos los días Enrique ve cosas que le gustarían a Jasmín: caramelos, juguetes, vestidos. Si ella estuviera con él, se las compraría, se dice. A sus amigos les habla todo el tiempo de la niña.

A él no le gustaba la escuela. Ahora se preocupa: ¿le pasará lo mismo a ella?

Sus momentos más felices son cuando llegan fotografías. Enrique ha pegado dos fotos de su hija en el espejo de su habitación, y hay dos más en un estante junto a su cama. Le encanta cuando María Isabel la pone en la línea. "Te quiero, papi", dice Jasmín. Enrique sabe que María Isabel le enseña a la niña a decirle cosas bonitas. No le importa. Me querrá cuando me vea, se dice. Se imagina cómo será su vida cuando estén juntos. En la casa de Lourdes todos comen a distintas horas, cuando sea que lleguen de trabajar. En su familia van a cenar todos juntos.

MATERNIDAD

Cuanto más fuerte es el vínculo entre María Isabel y Jasmín, más se resiste María Isabel a dejarla. Para cuando Jasmín cumple tres años, no se separa de su madre. Por las noches duermen en la misma cama. Por las mañanas, antes de prepararse para ir a trabajar, María Isabel baña a su hija y le hace las trenzas.

Cuando María Isabel sale a trabajar, Jasmín llora. "¡Mami! ¡Mami!", llora, y la persigue descalza.

"Ya vuelvo", le dice María Isabel desde abajo, y se aleja saludándola con el brazo.

Por la noche, Jasmín se sienta en el regazo de su madre. Se frotan las narices y juegan a las "tortillitas". María Isabel le enseña a contar. Con cada número, la alza por el aire, y la niña da gritos de alegría.

Cuando María Isabel tiene el día libre, se van juntas al centro, donde la calle está atiborrada de carromatos llenos de papas, plátanos y aguacates. Allí es donde, tiempo atrás, Lourdes iba a vender chicles y caramelos con Enrique a su lado.

María Isabel lleva a la niña en brazos a la plaza central de la ciudad, donde los niños piden limosna con los brazos extendidos. La lleva a la catedral, hasta el altar dorado. Reza. Pide que Jasmín no se enferme, que Enrique no se drogue. Luego lleva a Jasmín a tomar un helado.

Al atardecer se toman el autobús a casa, y Jasmín va en brazos de su mamá. Las luces juguetean en las colinas de Tegucigalpa. María Isabel desviste a Jasmín y le pone su camisón blanco.

A las siete y media de la tarde, María Isabel se mete en la cama con su hija. Jasmín sostiene un biberón lleno de leche en la mano izquierda. Con la mano derecha acaricia el vientre de su madre. Es un ritual. No se puede quedar dormida si no acaricia el vientre de su madre. Despacio, a medida que va bebiéndose la leche, se le afloja la mano que sostiene el biberón. Aletea los párpados. María Isabel la pone de costado y le acaricia la espalda hasta que se queda dormida.

Ya no puede concebir dejar a su hija. Sólo podría dejarla cuando la niña tenga la edad suficiente como para comprender lo que sucede. María Isabel le dice a su familia: "Debería tener cinco años o más para que yo pueda dejarla. Entonces al menos podría intentar explicarle". Ni un día antes, afirma, convencida. Es la misma edad que tenía Enrique cuando su madre se marchó.

Algunas de sus amistades le dicen que es una tontería no seguir a Enrique a los Estados Unidos. Ahora es joven y puede conseguir trabajo, pero a medida que se vaya haciendo mayor será más difícil para ella encontrar trabajo. En Honduras, muchos empleadores no contratan mujeres de más de veinticinco años. María Isabel ve avisos en los que piden mujeres de no más de esa edad.

En Tegucigalpa hay fábricas que emplean mujeres jóvenes como costureras. Trabajan sentadas en hilera, cada una con una máquina de coser, confeccionando ropa que luego es enviada a los Estados Unidos. Las costureras pueden llegar a repetir el mismo movimiento más de dos mil quinientas veces por día, cuarenta y cuatro horas por semana, por 110 dólares al mes. Los patrones asumen que una mujer de treinta años trabaja más despacio y produce menos. Además, podría desarrollar problemas de columna, de la vista o artritis por las exigencias físicas del trabajo. Los empresarios sólo quieren contratar mujeres que puedan mantener un ritmo de trabajo agotador.

La tienda de ropa para niños donde trabaja María Isabel no contrata mujeres de más de veintitrés años. Según una vecina de María Isabel, las mujeres de más edad tienen tres opciones: lavar y planchar ropa, limpiar casas o hacer tortillas caseras. Con esos trabajos pueden ganar entre 50 y 90 dólares por mes. Según trabajadores sociales, una familia necesita como mínimo 350 dólares al mes.

Los empleos buenos y seguros son para gente de ciertas familias o para los que tienen conexiones. La mayoría de los vecinos de María Isabel no tienen trabajo. Sólo sobreviven porque alguien de la familia se fue al norte y gira dinero. Las madres solteras y sus hijos son los que más sufren.

Irma, una hermana de María Isabel, trató de irse a los Estados Unidos pero se le acabó el dinero en México y tuvo que regresarse. Lo mismo le sucedió a uno de sus hermanos. María Isabel le pregunta a Irma cómo fue su viaje. Irma le dice que pasó hambre. María Isabel le pregunta si la violaron. Irma mira para otro lado y no contesta.

María Isabel tiene miedo de que a ella le pase lo mismo. ¿Y si no consigue llegar? ¿Qué sería de Jasmín?

Y si consigue llegar a los Estados Unidos tendrá que vivir allí como ilegal, siempre temiendo que la capturen y la deporten. Hay racismo: la van a tratar como si fuera inferior, diferente. Le han dicho que en los Estados Unidos todo es más frío, que los vecinos casi no se conocen.

María Isabel no quiere perderse los momentos importantes en la vida de Jasmín. Piensa en todo lo que se ha perdido Enrique hasta ahora. Pronto Jasmín tendrá su primer día de clases en el jardín de infancia.

María Isabel ha oído decir que las madres que se van pierden el amor de sus hijos. Sabe que Enrique y Lourdes todavía no han resuelto esa cuestión. Urde un plan para quedarse. Si trabaja duro y no tiene más hijos podrá darle a Jasmín una buena educación.

"Sin Jasmín no me voy", le dice María Isabel a su tía Gloria.

LA HIJA QUE QUEDÓ ATRÁS

Belky empieza a pensar que, si no ve a su madre pronto, ya no la verá nunca. "Sólo quiero darle un abrazo. Muchos abrazos. Sólo quiero estar a su lado, aunque sea por poco tiempo", dice.

Cuando termine sus estudios universitarios de contabilidad, Belky espera formar su propia familia en Honduras. Tiene un novio nuevo, Yovani. Una noche Yovani le propone matrimonio cuando están sentados afuera de la choza de bloques de cemento de Belky. Yovani no es apuesto. Vive con su madre, que es tamalera, en una diminuta choza de madera. Pero es bondadoso, bebe poco y la trata como a una reina. Belky lo ama. Le pide a Lourdes varios miles de dólares para construir una casita en el terreno al lado de la casa de su abuela; ese terreno estaba reservado para la casa que Lourdes iba a construir cuando regresara. Lourdes no estará para la boda. Su tío y su tía serán quienes la entreguen.

Cuando Belky era niña, todas las noches le pedía a Dios lo mismo: que la dejara ver a su madre una vez más. Le decía a Dios que se daría por satisfecha con sólo verla y abrazarla una sola vez. Belky no se lo dice a Lourdes, pero ha dejado de rezar. Ha perdido toda esperanza de volver a ver a su madre. Ni siquiera se permite imaginar cómo sería reencontrarse con ella.

Belky tiene educación. Tiene un compañero que la ama y la apoya. Belky decide que ese será su futuro.

OTRA MUDANZA

En Carolina del Norte, Lourdes trabaja en una cuadrilla de limpieza, luego en la línea de montaje de una fábrica. La vida no es fácil con tanta gente amontonada en la casa. Los hombres no ayudan con lo que consideran "trabajo de mujeres".

Cuando Lourdes regresa a casa después de la jornada de trabajo encuentra el bote de basura lleno, los pisos sucios y debe cocinar y limpiar para todo el mundo.

Aunque los hombres llegan a casa en distintos horarios, Lourdes espera a cada uno y le sirve la cena. En su día libre lleva la ropa de todos—seis canastos—a la lavandería y compra provisiones para toda la semana. Repartir el alquiler entre siete personas le permite a Lourdes mandar dinero a Honduras para Belky y para su madre, la abuela Águeda. A Lourdes le parece que todos los parientes de Honduras que tienen problemas de dinero se sienten con derecho a pedirle ayuda.

Al llegar el nuevo año, Lourdes, su novio y sus compañeros de vivienda deciden irse de Carolina del Norte. La empresa de pintura en la que casi todos trabajan tiene problemas financieros y les ha reducido a todos las horas de trabajo. El empleo escasea.

Se mudan a Florida, donde un primo del novio del Lourdes les consigue a todos los hombres empleo como pintores. Lourdes empieza a trabajar como mucama de hotel por 6,50 dólares la hora, limpiando entre dieciséis y dieciocho habitaciones por turno. Ocho personas se apiñan en un pequeño apartamento de dos dormitorios. Enrique duerme en el sillón de la sala. Lo detesta. Echa de menos a sus amigos de Carolina del Norte. Tiene que levantarse antes del alba para estar pintando a las seis y media de la mañana.

Lourdes quiere disfrutar más de la vida y preocuparse menos por Enrique. Los sábados por la noche, ella y su novio van a un bufé. Lourdes atesora los ratos que pasa con Diana. Se enorgullece de que su hija habla inglés y español. Le toma el pelo cuando embrolla alguna frase en español. Diana le enseña a su madre a hablar inglés con acento sureño.

Con el correr del tiempo, Enrique va comprendiendo lentamente que su madre nunca le va a pedir disculpas por haberlo dejado. Trata de poner el amor que siempre ha sentido por Lourdes por encima del resentimiento que le ha guardado todos estos años. Por primera vez le hace un regalo a su madre: 100 dólares para su cumpleaños. Ella los usa para comprarse un vestido y una loción.

Al perdonarla, se vuelve más cariñoso con ella. "Tan bonita mi mami, la quiero mucho", le dice.

"¡Mentiroso viejo!", contesta Lourdes.

Lourdes siente que Dios ha escuchado una de sus plegarias: que Enrique se encarrile, que deje de beber y que ya no le guarde tanto rencor. "Es como un milagro", dice. Es como que tenía que sacar afuera todo ese resentimiento y ahora está listo para seguir adelante. Lourdes siente que Enrique le da el mismo amor y cariño que le daba cuando recién llegó a su casa en Carolina del Norte.

"Siempre quiso estar conmigo", dice Lourdes.

IRSE SIN DECIR ADIÓS

Es la primavera de 2004. Han pasado cuatro años desde que Enrique se fue de Honduras.

Ahora Enrique teme que si pasa mucho más tiempo separado de María Isabel, ella se irá con otro. "Si encontrás a alguien que te quiera tanto como yo, andá con él", dice Enrique. "Yo te dejé. Lo entiendo". Enrique dice eso, pero no es lo que piensa de verdad. Lo que quiere es que ella le diga que no está interesada en ningún otro hombre ni lo estará nunca.

María Isabel le dice que lo amará para siempre.

Enrique se decide a preguntarle de una vez por todas: ¿venís o no a los Estados Unidos? Le da miedo lo que ella le pueda contestar. Sabe que María Isabel le está dando largas al asunto, que le preocupa dejar a Jasmín. Él también ha dado rodeos: quiere aprender inglés y dejar por completo las drogas y el alcohol antes de que ella venga.

El tiempo pasa.

"¿Por qué no me llamás?", pregunta Enrique cuando vuelven a comunicarse. María Isabel le contesta secamente que no tiene nada de qué hablar.

"Estás lista para venir?", pregunta Enrique. Le dice que tome la decisión ahora mismo. No la va a esperar más.

"No quiero irme", admite ella. Quiere reunirse con él, pero no puede dejar a Jasmín hasta que tenga por lo menos cinco años. Se lo ha prometido.

Si venís, dice él, será lo mejor para Jasmín. Juntos podemos darle una vida mejor. Ambos podremos regresar antes. Yo quiero estar con Jasmín para cuando tenga cinco o seis años como máximo. Si no, confiesa, teme que Jasmín no lo acepte como padre.

María Isabel también quiere que Jasmín tenga un padre. Últimamente, a Jasmín se la ha dado por decirle "papi" a su tío Miguel, que tiene veintisiete años y es el único hombre que vive en la casa de Eva. Con Enrique, a Jasmín hay que inducirla a hablar. Con el tío Miguel, las palabras cariñosas le surgen naturalmente. Jasmín es generosa con su tío Miguel: comparte con él sus dulces y sus juguetes. Cada noche, salta a la cama de Miguel y le cuenta lo que ha hecho ese día. María Isabel no le ha contado esto a Enrique porque no quiere herir sus sentimientos.

Enrique trata de persuadir a María Isabel. "He cambiado", le dice. "Algo bebo, pero muy poco". Agrega: "No soy la misma persona".

Enrique ha logrado captar la atención de María Isabel.

"Lo voy a pensar", dice.

Enrique se llena de esperanza con su respuesta.

Te necesito, le dice. Sos la madre de mi hija. Sos la única con quien me quiero casar. Vení conmigo a los Estados Unidos.

Enrique extraña el temperamento calmo y sereno de María Isabel. Echa de menos sus llantos y sus risitas. Echa de menos cuando volvían juntos de la escuela tomados de la mano.

Isabel le da vueltas al asunto día y noche. Si se va a los Estados Unidos ¿de verdad eso servirá para que Jasmín esté más pronto junto a su padre y su madre? Si María Isabel se queda en Honduras y se casa con otro hombre, un padrastro nunca trataría a Jasmín como a su propia hija.

María Isabel toma una decisión: A la larga, marcharse será por el bien de Jasmín. Con el tiempo ella podrá estar con sus verdaderos padres, toda la familia unida. María Isabel hace un pacto con Enrique: Jasmín vivirá con Belky, pero pasará los fines de semana con Eva, la madre de María Isabel.

Hago esto por mi hija, se dice a sí misma.

Días después, un contrabandista se pone en contacto con María Isabel. Enrique lo ha contratado. Dice que llamará la próxima semana, quizá el martes o el miércoles. Ella debe estar lista.

María Isabel carga toda la ropa de Jasmín a la choza de bloques de cemento donde vive Belky. Abraza a su hija una y otra vez. No para de llorar.

Jasmín pregunta: "Mami, ¿por qué llora tanto".

María Isabel le dice que le duele un brazo, que le duele la caries en un diente.

"No llore, mami", pide Jasmín. Entristecida por las lágrimas de su madre, la niña también llora.

Le pregunta a María Isabel por qué ha llevado toda su ropa de la casa de la abuela Eva a la casa de Belky al otro lado de la ciudad. ¿Por qué ha empacado una mochila con su propia ropa?

María Isabel no le ha dicho a su hija que está por marcharse. No puede. Tampoco le gusta mentirle a su hija, pero cree que con sus tres años y medio Jasmín no es capaz de comprender la verdad. Jasmín querría venir con ella. María Isabel no quiere ver a su hija llorar. Así es más fácil, mejor, se dice a sí misma.

Miércoles. El contrabandista llama a la una de la tarde. Buscará a María Isabel en la estación principal de autobuses de Tegucigalpa, que está al otro lado de la ciudad, a las tres y media de la tarde. Va a llevar una camisa roja y un vaquero azul.

El corazón de María Isabel empieza a palpitar. Toma a Jasmín en sus brazos y le da un último biberón.

María Isabel abraza a su madre Eva y a su hermana Irma. Rosa Amalia, la tía de Enrique, se lleva a Jasmín a la choza de Belky, esperando así evitar una escena. Jasmín se rehúsa terminantemente. La pequeña ha oído despedidas, y que Rosa Amalia va a llevar a María Isabel en coche a la estación de autobuses.

"¡Yo voy! Voy a dejar a mi mamá", dice, y por fin Rosa Amalia cede.

Jasmín se sube rápido al automóvil. María Isabel lleva una mochila con una muda de ropa y un retrato de su hija. Belky también va a despedir a María Isabel.

María Isabel se baja del automóvil y camina a paso rápido hacia la estación. No se despide de su hija. No la abraza. No mira hacia atrás. Se dice a sí misma que no es grave, que la niña no comprende lo que está pasando ni adónde se va su madre ni por cuánto tiempo.

Rosa Amalia no deja que Jasmín salga del carro. Cuando el autobús sale de la estación, le dice a la niña que diga adiós. Jasmín saluda con ambas manos y grita: "Adiós, mami. Adiós, mami. Adiós, mami. Adiós, mami".

10

UN REENCUENTRO INESPERADO

María Isabel recorre todo México en autobuses. Con el dinero que envió Enrique, los contrabandistas la hacen pasar sobornando a los agentes mexicanos. En un tramo del camino, los contrabandistas la cargan a ella y a otros dieciséis migrantes en la parte de atrás de un camión, apilados como sardinas. María Isabel está nerviosa. No está segura de si el contrabandista es de fiar. Pero también agradece tenerlo: ella no viaja, como Enrique, en los techos de los trenes.

Una madrugada, mientras cruza a nado el río Grande hacia Texas, María Isabel pierde su mochila en el río. Allí estaba la única fotografía que traía de su hija Jasmín.

No obstante, pocas semanas después de haberse marchado de Honduras, llega sana y salva a Florida, a reunirse con Enrique.

En Honduras, cada vez que Jasmín, de cuatro años de edad,

oye tronar las turbinas de un avión en lo alto, sale corriendo y grita: "¡Adiós, mami!".

Jasmín, que se ha quedado con su tía Belky, pregunta: "Tía, ¿mi mami va a volver?".

"No", responde Belky, "tu mamá está con tu papá".

Jasmín insiste. "¿No va a volver?".

No, responde Belky, pero sus padres la llevarán a estar con ellos en los Estados Unidos algún día.

María Isabel echa de menos despertarse cada día para bañar y vestir a Jasmín. Echa de menos llevarla a comer buñuelos los fines de semana. Echa de menos el ritual vespertino de recostarse en la cama con su hija. La niña bebía leche tibia de un biberón, acariciaba el vientre de su madre y se quedaba profundamente dormida.

Enrique y María Isabel llaman a su hija todas las semanas desde Florida. Le preguntan si se porta bien. Jasmín les cuenta todo lo que ha hecho esa semana, adónde ha ido, como juega con los conejos de Belky. Les canta canciones que ha aprendido en el jardín de infancia. Les dice que quiere estar con ellos en los Estados Unidos.

Enrique habla de ahorrar lo suficiente como para comprar una casa y abrir una tienda en Honduras algún día. Habla de regresar.

Lourdes está contenta de estar con Enrique, que es cariñoso y se porta bien. Pero echa muchísimo de menos a Belky. Todas las noches reza: Dios, por favor dame papeles. Tengo a mis dos hijos menores conmigo, pero quiero estar con la mayor. "Le pido a Dios que me conceda eso antes de morir".

Solloza. "¿Es demasiado pedirle a Dios? No le pido riquezas ni otras cosas".

En Año Nuevo de 2006, Lourdes llama a Honduras para hablar con Belky. Su hija está embarazada. Belky dará a luz a su segundo nieto. Lourdes rompe a llorar. "Tengo miedo de no volver a verte", le dice a su hija. "Sólo te veré si cumplo mi sueño de retirarme en Honduras. Me vas a ver cuando sea vieja".

El 31 de julio de 2006, Belky da a luz a un niño, Alexander Jafeth.

❖ ❖ ❖

Ese verano, el programa *Don Francisco Presenta,* uno de los más vistos de la televisión en español, filma un episodio especial sobre las familias inmigrantes que se encuentran separadas. Don Francisco nos ha invitado a Enrique, a Lourdes y a mí a participar en el programa. El show de Don Francisco es muy popular en los Estados Unidos y en toda Latinoamérica. El presentador es una de las figuras más reconocidas del mundo hispano, una combinación con sabor latino de Oprah y David Letterman.

El 11 de septiembre de 2006, Enrique, Lourdes y yo llegamos para grabar el programa en vivo frente al público. Antes de salir al aire, Don Francisco le hace preguntas a Enrique sobre los problemas que ha tenido con su madre. Enrique le dice que las cosas han mejorado mucho. Se aman mucho. Enrique también le cuenta a Don Francisco que trabaja mucho y que se esfuerza por ahorrar dinero.

Don Francisco le pregunta si aún usa drogas. Enrique dice que ya no inhala pegamento, pero que fuma marihuana cuando sale con sus amigos. Don Francisco frunce el entrecejo con desaprobación.

Entre el clamor del público del programa, Enrique, Lourdes y yo entramos por una puerta corrediza blanca y nos sentamos junto a Don Francisco. El conductor se enfoca en un punto: ¿Valen la pena estas separaciones? ¿Qué piensan las madres y los hijos que las han vivido? ¿Lo harían otra vez?

Don Francisco le pregunta a Enrique, que ahora tiene veintitrés años, qué edad tenía cuando su madre lo dejó. Cinco años, responde Enrique.

"¿Y tú estabas bastante enojado con tu mamá?".

"Sí, porque me sentía solo todo el tiempo que estuve en Honduras con mi abuela. Y un poco de rencor tenía con mi mamá porque nos dejó", dice Enrique.

Don Francisco se vuelve hacia Lourdes. Ella aún siente un conflicto interno por su decisión de dejar a sus hijos.

"Pues, como toda madre, uno se siente mal cuando deja a sus hijos solos. Pero al mismo tiempo, me daba fuerza y valor saber que si yo estaba aquí, aunque lo haya dejado solo a él, él podía tener lo que no podría haber tenido si yo me quedaba allá [en Honduras]". Todos los meses, ella les mandaba a Enrique y su hermana Belky dinero para comer y para estudiar. Gracias a su dinero, Belky ha hecho estudios universitarios y se ha construido una casa de una habitación en Honduras.

Don Francisco le pregunta a Enrique por qué quiso venir a los Estados Unidos.

"Yo quería conocer a mi mamá, porque no la conocía, nomás por fotografías".

Primero, dice, se alegró de ver a su madre. Pero con el tiempo afloró el resentimiento que sentía hacia ella por haberlo dejado. Se rebeló contra ella.

Don Francisco le pregunta a Lourdes si valió la pena.

"Pues, para serle sincera, por un lado valió la pena . . . al principio", replica Lourdes. "Pero por otra parte, no, porque perdí la niñez de ellos y, me entiende, a veces uno se siente mal". Lourdes le dice al conductor del programa que está contenta de tener a dos de sus tres hijos con ella. "Pero me falta la otra niña". Lourdes no ha visto a Belky desde que se marchó de Honduras en 1989.

Don Francisco baja la voz y dice: "Yo sé que el gran sueño suyo es reencontrarse con su hija después de diecisiete años".

Lourdes asiente. Le tiembla la voz. Traga con esfuerzo para contener las lágrimas.

Don Francisco continúa: "Esto es una frustración para usted". Lourdes ya no puede contenerse. La embarga la emoción al nombrar a Belky. Le rueda una lágrima por cada mejilla. Se limpia el rostro presurosamente. Don Francisco le dice: "Quiero que piense qué le gustaría decirle a su hija, y qué le gustaría preguntarle. ¿Y sabe por qué se lo digo? Porque hoy usted se va a reencontrar con su hija después de diecisiete años".

El rostro de Lourdes es un mar de lágrimas. Mira con ojos vacíos. Está estupefacta.

Don Francisco pregunta: "¿Usted la dejó cuando ella tenía . . . ?".

"Siete años", balbucea Lourdes.

Don Francisco se vuelve hacia las puertas corredizas blancas por las que momentos antes ingresamos Lourdes, Enrique y yo. "Aquí está su hija Belky".

Lourdes se pone de pie. Conmocionada, mira a su alrededor. Belky entra por la puerta y avanza hacia el escenario.

A Lourdes le ceden las rodillas cuando ve a Belky. Hace un esfuerzo para mantenerse de pie.

Con los brazos extendidos, se encuentran y se abrazan. Lourdes grita de alegría. "Hija, te vinistes". Los hombros de ambas se sacuden en sollozos. Se estrechan con fuerza. Enrique está de pie. Las rodea con sus brazos, y los tres se confunden en un abrazo. Enrique le dice a su hermana que se ve hermosa.

"Nunca esperé esto. Nunca me esperé esto", dice Lourdes con lágrimas de dicha. Es la primera vez en mucho tiempo que Lourdes y sus tres hijos están juntos en un mismo lugar.

Don Francisco les da un momento para que se calmen.

Belky le dice que acaba de dar a luz a un niño en Honduras. El bebé tiene cuarenta días. Fue duro dejarlo en Honduras con su esposo. Lo hizo porque sabía que esta podría ser su única oportunidad de conseguir una visa estadounidense y venir a ver a su madre.

Don Francisco le pregunta qué sintió al estrechar a su madre en brazos después de diecisiete años.

La voz de Belky se llena de emoción. "Algo inexplicable". Hace una pausa. "Algo . . . no sé". Mueve la cabeza buscando las palabras justas. "Después de tanto tiempo de no tenerla a ella, se me hace muy difícil explicar qué es lo que siento. Ella sabe que yo la adoro. Que la amo mucho". Lourdes se seca las lágrimas con un pañuelo.

¿Valió la pena esta separación? Belky dice que su madre la ha ayudado mucho, y le ha dado una vida que no habría podido tener de otro modo. "Pero nunca llenó el vacío que he sentido durante tanto tiempo". Se toca el corazón con la mano. "Ni aun ahora que tengo a mi bebé. El amor de una madre es algo que no se puede reemplazar con nada, con ninguna otra cosa".

La mejor respuesta a la pregunta de Don Francisco es la que da Belky ocho días más tarde. El 19 de septiembre de 2006 se levanta temprano. En un aeropuerto de Florida, se abraza con Lourdes por última vez. Luego sube a un avión con destino a Honduras.

Regresa a su hijo.

EPÍLOGO

DOS PROMESAS

Al llegar a los Estados Unidos, Enrique se ha hecho dos promesas: dejar las drogas y traer a su hija al norte cuanto antes. Seis meses después de la llegada de María Isabel a Florida, Enrique hace traer a su hija de cuatro años, Jasmín, a través de la frontera hacia los Estados Unidos.

Jasmín viaja durante diez días con una prima de Enrique que tiene diecisiete años y una mujer en quien la familia confía. La mujer llama a los padres de Jasmín todos los días para tranquilizarlos. La niña viaja por México escondida en la caja de un camión de cinco ejes. Cruza el río Grande en una cámara neumática, igual que su padre.

Los agentes de la Patrulla Fronteriza la capturan al entrar en los Estados Unidos pero, como es menor de edad, enseguida se la entregan a los padres con la orden de comparecer ante un tribunal de migraciones dentro de un tiempo.

Al ver a su madre, Jasmín corre hacia ella.

"¡Mami!", grita.

María Isabel solloza y la estrecha contra sí. Pero Jasmín, una niña de dientes torcidos, pelo rizado y amplia sonrisa, se mantiene distante de Enrique. "Es tu padre", insiste María Isabel.

Enrique consiente a su hija para salvar la distancia que los separa. Los fines de semana, mientras María Isabel limpia habitaciones de hotel, Enrique lleva a Jasmín a Golden Corral o a McDonald's o a un centro comercial a comprar ropa. Mira *SpongeBob SquarePants* y *iCarly* con ella. Cada día que pasa, Jasmín se acerca un poco más a su padre.

"Sos mi niña", le dice Enrique con cariño.

Enrique y María Isabel temen que Jasmín sea deportada, y la niña aprende a esconderse detrás de los coches cuando ve agentes de inmigración en la calle.

En Florida, Jasmín y Lourdes se vuelven inseparables. Pasan tanto tiempo juntas que muchos suponen que Jasmín es hija de Lourdes. Se visten parecido, llevan el cabello oscuro rizado en coletas altas, usan pendientes. Lourdes le da tanto amor y atención a Jasmín que Diana le tiene celos.

"Todo lo que me perdí con Enrique estoy gozando con ella, su niñez", dice Lourdes.

UN LUGAR SIN LEY

Al mudarse a Florida, Enrique ha alquilado una vivienda en el mismo complejo de apartamentos que su madre, en el edificio de al lado.

En el edificio de bloques de cemento, los apartamentos del

segundo piso dan a largos corredores abiertos. Los viernes y sábados por la noche, una vez concluida la semana de trabajo, muchos hombres latinos se reúnen en los corredores para beber cerveza y conversar. La mayoría no son residentes legales de los Estados Unidos, por lo cual no tienen cuentas de banco. Llevan fajos de billetes, porque ese día han cobrado el salario.

Para un grupo de pandilleros afroamericanos del complejo de apartamentos, estos hombres son blancos ideales porque tienen dinero en efectivo y son reacios a denunciar delitos por temor a que los deporten.

Un sábado por la tarde en diciembre de 2006, Enrique y tres amigos beben Coronas afuera después de haber trabajado toda la semana pintando casas. Enrique baja por la escalera que da al corredor de su amigo para atender una llamada en su teléfono celular. Se cruza con dos atractivas chicas afroamericanas que van escaleras arriba. Se detienen a flirtear con los amigos de Enrique y les piden un cigarrillo.

Distraídos, los amigos de Enrique no se dan cuenta de que un coche con tres afroamericanos, que estaba aparcado a la vuelta de la esquina, ahora se ha detenido frente al apartamento.

Los pandilleros salen del coche y se lanzan por la escalera hacia el corredor.

Temiendo que van a asaltar a su amigo, Enrique vuelve sobre sus pasos y persigue a los hombres escaleras arriba. Blandiendo una pistola, uno de los pandilleros agarra a Enrique y lo empuja por encima de la barandilla. Enrique se desploma al suelo. Se incorpora y huye a la carrera.

Dos de sus amigos huyen tras él. Sólo queda uno en el corredor.

Los pandilleros obligan a este último a entregar su teléfono celular, una cadena de oro que lleva puesta y su billetera, donde tiene solo treinta dólares. Le ordenan que abra la puerta de su apartamento. El amigo de Enrique se niega.

Los pandilleros le dan puñetazos en el estómago. Le aprietan la garganta. Le golpean la nuca contra la pared. Al final, uno de los pandilleros le da un culatazo con una escopeta calibre 12 de caño recortado.

El golpe le parte la frente. El muchacho tambalea y cae al suelo. Aún consciente, yace inmóvil como una piedra, aguanta la respiración y se hace el muerto, temiendo que los pandilleros le den el golpe de gracia. Sangra por la frente a borbotones.

Oye que una de las chicas dice: "Está muerto". Las chicas y los pandilleros se dan a la fuga.

Dieciséis puntadas en la frente le salvan la vida al amigo de Enrique. Pero a partir de ese atraco Enrique y su familia viven en un estado de miedo permanente.

Durante el mes siguiente, los pandilleros van a la puerta del apartamento de Enrique y el de sus amigos a las dos de la madrugada. Golpean ruidosamente. "¡Policía! ¡Abran la puerta!". Enrique espía por la mirilla. No es la policía.

Un día, cuando está en un banco junto al patio de juegos del complejo, Enrique oye un disparo. Otra noche, embisten la parte delantera de su Toyota en el estacionamiento, causando daños por el valor de dos mil dólares. Enrique y Lourdes creen que los pandilleros quieren intimidarlo para que no informe a la policía de la paliza que presenció.

"No querían testigos", dice Lourdes. "Querían que tengamos miedo".

Un mes después del asalto al amigo de Enrique, los mismos pandilleros asaltan y roban a un mexicano que vive en el apartamento justo debajo de Lourdes. Ebrio y enfurecido, el mexicano entra a su apartamento, agarra su machete y persigue a los tres atacantes. Cuando está cerca, uno de los pandilleros se vuelve y le dispara tres veces. El mexicano, que tenía menos de treinta años, cae al piso muerto.

En la primavera de 2007, el novio de Lourdes encuentra que han forzado las tres camionetas que usa en su trabajo como pintor. Le han robado herramientas por el valor de 13.000 dólares, incluyendo dos pulverizadores nuevos y un compresor.

Los hispanos que viven en el complejo de apartamentos empiezan a comprar pistolas porque temen que los pandilleros entren a sus apartamentos y maten a sus familias. Ya no se sientan en los bancos de afuera junto al patio de juegos, ni aun de día. Las familias de Lourdes y de Enrique no salen de noche, siempre cierran la puerta con llave y espían por la mirilla antes de abrir la puerta de su apartamento.

"Estamos encerrados como perros en una jaula", dice Lourdes. "Vivimos con tanto miedo".

La policía redobla las patrullas, pero nunca está cerca cuando sucede algo malo y, hasta donde saben Enrique y su familia, no han hallado a los culpables de la paliza que sufrió su amigo ni a los del robo a las camionetas.

Enrique nunca informa a la policía de los crímenes cometidos en su contra. Como la mayoría de los inmigrantes ilegales en los Estados Unidos, teme que llamar a la policía lleve a que lo deporten. Más aun, Lourdes teme que su familia tenga más probabilidad de ser deportada porque ella ha aparecido sin ocultar su identidad en el programa de Don Francisco y mucha gente del vecindario ha hecho la conexión entre ella y un libro muy vendido sobre inmigrantes indocumentados.

En lugar de recurrir a la policía, Enrique y Lourdes optan por una solución diferente. "Los negros empezaron a matar a los hispanos, así que decidimos mudarnos", dice Jasmín.

Lourdes jura que no vivirá más en apartamentos. Alquila una casa.

TRAS LAS REJAS

En Carolina el Norte, Enrique dejó de inhalar pegamento, pero en Florida hace nuevos amigos que usan otras drogas.

En 2010, Lourdes convence a Enrique y su familia de que se muden a vivir con ella. Espera que su presencia ayude a su hijo. Además, Enrique puede ayudarla con la renta. Desde el estallido de la burbuja inmobiliaria en 2007, que castigó con particular fuerza al estado de Florida, Lourdes y su novio de muchos años han tenido dificultades económicas.

El novio de Lourdes ha despedido a su cuadrilla de veinte

pintores. Empieza a trabajar por horas. Si no hay trabajo cerca, peregrina de Georgia hasta Key West en busca de trabajo. Lourdes ayuda a mantener a la familia cuidando a dos ancianos de Florida.

En abril de 2010, Lourdes se casa con su novio, siguiendo la enseñanza de la iglesia. Su hija Belky la imita, uniéndose a una iglesia evangélica en Honduras y casándose el mismo mes con su pareja de muchos años, Yovani.

Para Lourdes, la fe es un consuelo que la ayuda a lidiar con las desilusiones que le causan sus hijos. "Desde que vine de Honduras, lo único que he querido es que mis hijos estudien, que salgan bien", dice Lourdes.

Belky no ha terminado los estudios universitarios. Fabrica y vende helados de agua en la casita que Lourdes construyó para ella. Diana deja la escuela secundaria cuando sólo le falta medio crédito para graduarse. Habla de ser agente de policía, pero trabaja vendiendo planes telefónicos por 9,50 dólares la hora.

Enrique pasa la Navidad de 2011 bebiendo con amigos en un deteriorado motel de ladrillo con persianas marrones y puertas emparchadas con chapa de madera.

El 26 de diciembre a las ocho de la noche, unos agentes del *sheriff* llegan al motel. Enrique y otros cuatro amigos están aún en la habitación, bebiendo. Los agentes descubren que hay una orden de arresto pendiente contra Enrique, porque no pagó una citación de tránsito que le hicieron hace tres años por conducir sin licencia. Como resultado de una ola de leyes estatales contra la inmigración ilegal promulgadas en años recientes, sólo tres estados permiten a los inmigrantes ilegales obtener una licencia de conducir.

Enrique pasa la noche en la cárcel, esperando que lo liberen.

Al enterarse de su arresto, María Isabel, que está embarazada de tres meses, estalla en llanto histérico.

En 2008, el gobierno federal lanzó un programa al que debieron adecuarse todos los departamentos de policía del país para 2013: las huellas dactilares de toda persona arrestada por cualquier motivo deben enviarse a las autoridades federales de migraciones, que a su vez deportan a los que están ilegalmente en los Estados Unidos.

Con la adopción del programa por parte de miles de departamentos de policía, las deportaciones aumentaron 40 por ciento entre 2006 y 2011, año en el que se deportó a más de 400.000 inmigrantes en todo el país. Durante esos mismos cinco años, casi se duplicó el número de inmigrantes indocumentados que hay cada noche en las cárceles de Florida.

Debido a este aumento en las deportaciones, la familia de Enrique y los inmigrantes de todo el país viven en estado de miedo constante. Esas deportaciones han motivado otro tipo de separación familiar: según el centro de estudios Applied Research Center, el gobierno de los Estados Unidos ha separado a 46.000 padres de sus hijos nacidos en los Estados Unidos. Al menos 5.100 de esos niños acabaron en hogares de crianza.

A Jasmín le gustan los cachorros, los delfines y Justin Bieber; los días de semana usa un cinturón reflectante porque es la alumna encargada de seguridad vial en su escuela primaria.

Pero cada mañana tiene miedo cuando su madre sale de la casa para hacer las compras o un mandado. "Me preocupa que la deporten a mi mamá", dice.

Al día siguiente del arresto de Enrique, los agentes del *sheriff* lo entregan a las autoridades de migraciones, que a su vez lo llevan a una cárcel del condado de Florida, y empiezan a tramitar su deportación.

La cárcel del condado reserva una de sus dos alas solamente para inmigrantes detenidos. El gobierno le da al condado 85 dólares al día por inmigrante que alberga, un promedio de 21.264 dólares por noche en 2011.

El ala de los inmigrantes tiene ocho unidades cerradas, cada una con un área común de techo alto y dos pisos de celdas rodeando el perímetro. El interior de la cárcel es inhóspito. Las paredes de bloque de hormigón están pintadas de un color cáscara de huevo. El piso es de cemento gris. Por la noche, encierran bajo llave a los inmigrantes en las celdas, que albergan de dos a cuatro detenidos.

Enrique trata de dormir sobre el delgado colchón marrón en la litera de acero atornillada a la pared de su celda. El televisor vocifera hasta la medianoche. Puertas de acero se abren y se cierran toda la noche. Está prohibido usar tapones para los oídos. No puede dormir. Tiene ojeras rosadas.

Los presos del condado pueden tomar clases de GED y asistir a sesiones de Alcohólicos Anónimos. Los inmigrantes no pueden. Llega un carrito con libros, pero Enrique sólo ve libros en inglés, ruso y francés. Enrique entiende todo lo que dicen los guardias y habla un inglés pasable, pero no puede leerlo.

Durante el día, le permiten salir de su celda para estar en el área común, que tiene cuatro mesas de picnic de acero inoxidable y un televisor. Los migrantes que hablan inglés y español se pelean por cuál canal sintonizar.

Los estándares federales de detención dan a los presos derecho a una hora de recreo al aire libre por día. Las cárceles que no tienen espacio al aire libre pueden sustituirlo con una sala de recreo grande y luz natural. En la cárcel de Enrique, la sala de recreo tiene una mesa de ping-pong y dos pantallas Wii para 240 presos. La luz entra por una ventana ubicada en lo más alto de una habitación de dos pisos de altura. Enrique sólo siente el sol sobre su rostro cuando tiene una emergencia dental. Transcurridos seis meses, puede solicitar que lo transfieran a una cárcel que tenga espacio al aire libre, pero eso lo alejaría de su familia.

En lugar de eso, Enrique camina, hace flexiones de brazos o juega al ajedrez porque los partidos son muy largos. Por la noche, lee una Biblia que le dio el capellán de la prisión.

Lo único que rompe la monotonía es la llegada de las visitas. Enrique no los puede ver en persona, ni siquiera con un Plexiglas de por medio. Los ve por una de dos cámaras de video ubicadas en el área común afuera de su celda.

LA DECISIÓN DE UNA PERIODISTA

Lourdes busca ayuda. En enero de 2012, me llama. Enrique está preso, me dice, y necesita un abogado.

Normalmente, los periodistas no nos involucramos

personalmente en la vida de aquellos sobre quienes escribimos, porque debemos transmitir a nuestros lectores la realidad misma, no una realidad que hemos alterado. Nuestra credibilidad depende de no engañar a nuestros lectores, de no tomar partido.

Hay una excepción clara a la regla de no involucrarse: si la persona está en peligro inminente, debemos ayudarla en lo posible, y luego comunicar a nuestros lectores lo que hemos hecho.

Yo sabía que Honduras estaba cada vez más peligroso. Según las Naciones Unidas, Honduras tiene la tasa de homicidios más alta del mundo. Grandes porciones del territorio de Honduras—incluyendo el barrio de la familia de Enrique— han caído en manos de las maras y de bandas violentas de narcotraficantes mexicanos.

Estas bandas criminales imponen un "impuesto de guerra" a los conductores de autobuses y comerciantes. Cada mañana, un agente de los narcos y pandillas acude a la parada de taxis cerca del barrio de Enrique con una lista de choferes. Amenazan o asesinan a los que no hayan pagado el impuesto diario de 13 dólares.

Supe que cuatro parientes cercanos de Enrique habían recibido amenazas de muerte y extorsión por teléfono o mensaje de texto. La familia cambió de número telefónico y dejó de salir de noche.

La versión de mi libro para adultos, publicada en 2006, hizo famoso a Enrique en su barrio y en Honduras. Tres importantes programas de televisión basados en el libro tuvieron mucha audiencia en Honduras. Cuando Belky acudió a la embajada de los Estados Unidos para solicitar nuevamente una visa de entrada a los Estados Unidos, el funcionario le dijo: "¡Vos sos la famosa! ¡La que estuvo en televisión!". Las bandas criminales de Honduras buscan y matan a personajes conocidos para instalar el miedo y ganar notoriedad. Ya habían asesinado al hijo de un ex presidente y a un periodista de renombre. "Si Enrique vuelve, lo van a matar", me dijo Belky.

Me puse en contacto con varios abogados de Florida para ayudar a Enrique, que era quizá el inmigrante indocumentado más famoso del país. Su historia promovió algunos cambios en la ley mexicana, y hubo lectores que construyeron escuelas, sistemas de agua potable y emprendimientos para crear fuentes de trabajo en Centroamérica y México.

Una pareja de abogados de Miami, compuesta por Sui Chung, del Immigration Law and Litigation Group, y el profesor Michael S. Vastine, director del Seminario de Ley Migratoria de la Facultad de Derecho de la Universidad de St. Thomas, aceptó la tarea. Ellos trabajaron muchísimas horas gratis en el caso de Enrique y adoptaron una estrategia legal doble: que los traumas pasados de Enrique, o alguno que pudiera enfrentar en el futuro, lo salvaran de ser deportado.

Como primera medida, los abogados de Enrique empiezan a tramitar una visa U, un programa creado por el Congreso de los Estados Unidos en el año 2000 que permite a los migrantes permanecer legalmente en los Estados Unidos si han sido víctimas de un crimen, con la condición de que hagan la denuncia y que ayuden a enjuiciar al autor del crimen presentándose como testigos. Con la visa U, el Congreso buscaba crear un valioso incentivo para que los migrantes atemorizados acudieran a las autoridades y cooperaran con la policía, ya que al cooperar quedaban expuestos a deportación y a represalias de bandas criminales.

Sui Chung, la abogada de Enrique, cree que esta visa contribuye a la seguridad de muchas comunidades al dar a los migrantes un incentivo poderoso para cooperar con las autoridades.

Los abogados de Enrique ofrecen a las autoridades locales que Enrique declare como testigo de la golpiza que presenció. Un requisito de la visa es que las autoridades certifiquen que la persona ha cooperado en una investigación.

Mientras tanto, en el Congreso debaten limitar el alcance del programa de visas. El Senado ha aprobado un aumento de 10.000 a 15.000 visas por año para el programa. Buscan incrementar el incentivo para que las víctimas asustadas se atrevan a salir de las sombras. Pero en la Cámara de Representantes, los críticos del programa se indignan porque este es el único programa de visas que no restringe el acceso de convictos de delitos mayores con agravantes. Además, argumentan, no hay un cupo para el número de parientes de la víctima que pueden obtener la visa. Dar a los beneficiarios un camino para obtener la ciudadanía, afirman, no es una recompensa proporcional al acto de ayudar a la policía a resolver un crimen. Los críticos del programa intentan revertir el acceso a la ciudadanía que la visa permite.

No hay un límite de tiempo para que la víctima de un crimen se presente a ayudar a la policía y consiga así una visa U.

En la primavera de 2012, el *sheriff* local rechaza la solicitud de Enrique. No toman en consideración que Enrique no se acercó a las autoridades porque temía ser deportado. Les dicen a los abogados que Enrique no figuraba como testigo en el informe policial redactado después de la golpiza a amigo su. Los abogados de Enrique se enfocan en otro argumento: que el gobierno de los Estados Unidos debe permitir que Enrique permanezca en el país porque si lo deportaran podría ser blanco de los Zetas debido a su fama.

UN HIJO

El 2 de julio de 2012, María Isabel empieza el trabajo de parto. Enrique, que aún espera el desenlace de su caso legal, lleva seis meses encerrado. Está en una cárcel a treinta y cinco millas de distancia.

Daniel Enrique nace a las 5:38 de la madrugada siguiente.

Enrique ha estado ausente para el nacimiento de sus dos hijos.

Al enterarse del nacimiento de su hijo, por un momento Enrique considera firmar los papeles necesarios para que lo deporten a Honduras a pesar del riesgo de que allí lo maten. Le frustra saber que sus amigos y parientes deportados han vuelto a los Estados Unidos en sólo uno o dos meses.

Lourdes hace que Enrique entre en razón, urgiéndole a que

piense en todo lo que los abogados han trabajado en su caso. Le dice que en Honduras lo van a buscar y lo van a matar.

Le recuerda que el viaje será más peligroso que nunca.

En 2011, a instancias de activistas de derechos humanos y relatos como *La Travesía de Enrique,* México ha promulgado una ley que permite a los centroamericanos transitar libremente por el país. En Coatzacoalcos, Veracruz, hay un letrero que da la bienvenida a los centroamericanos.

Pero los Zetas han tomado control de la ruta ferroviaria central que Enrique recorrió, lo cual anula el beneficio de aquella ley. Falsos contrabandistas entregan a los migrantes al cartel de narcotraficantes. Los Zetas los golpean y los torturan para extraerles información acerca de sus parientes en los Estados Unidos, a quienes exigen rescate.

En 2010, con dieciocho años de edad, un pariente de Enrique partió con destino a los Estados Unidos y desapareció. En 2012, un chico de dieciséis años del barrio de Enrique fue secuestrado y torturado en México. Según un informe de Human Rights Watch publicado en 2012, cada año estas bandas secuestran a unos 18.000 migrantes centroamericanos al cruzar la frontera mexicana. Los que no tienen parientes con dinero son asesinados. Un primo de Enrique, que hizo el viaje en 2012, calcula que un tercio de los migrantes son secuestrados.

Una vez deportado, si Enrique regresara a los Estados Unidos y lo atrapara la policía, las consecuencias podrían ser severas. Sus abogados han tenido casos de clientes sin antecedentes criminales que fueron condenados a ocho años de prisión por reingresar a los Estados Unidos sin permiso.

Enrique, que aún tiene una cicatriz y un bulto en la frente como secuelas de su viaje en el año 2000, escucha a su madre.

Se queda donde está.

Enrique pedirá al juez que lo exceptúe de la deportación, algo que se concede a los inmigrantes que temen ser blanco de persecuciones si regresan a sus países. Enrique reconoce que ha tenido problemas en el pasado, pero argumenta que todos nos merecemos la oportunidad de redimirnos. "Todos deberíamos tener la chance de cambiar. Yo *ya estoy* cambiando mi vida", dice Enrique desde la cárcel. Quiere enfocarse en sus hijos, en María Isabel, en su madre, en sí mismo. "Quiero hacer algo de mi vida".

Once días después del nacimiento de su hijo, el juez de inmigración niega todos los puntos de la solicitud de Enrique. El juez dice que Enrique tiene miedo de regresar a Honduras porque allí lo van a extorsionar las maras, que es lo mismo que harían con cualquier otra persona. Según el juez, para Enrique representa un peligro regresar a Honduras, pero su pedido no cumple el criterio necesario para permitirle que se quede: comprobar que pertenece a un grupo perseguido.

El 19 de julio de 2012, el juez ordena su deportación. Enrique ve el fallo del juez por una cámara de video en la cárcel del condado. Es uno de los peores momentos de su vida.

Al mes siguiente, sus abogados apelan el fallo.

SEPARADOS POR UNA PANTALLA

El 23 de septiembre de 2012, un domingo por la tarde, Lourdes conduce por una autopista de cuatro carriles bordeada de altos pinos hacia la cárcel del condado.

Cada domingo, después de ir a la iglesia, Lourdes, Jasmín, Daniel—y María Isabel, si no trabaja ese día—visitan a Enrique.

Una de cada lado, Lourdes y Jasmín toman la manija del portabebé. Alzan al niño y lo llevan entre las dos.

Pasan frente a una gran bandera de los Estados Unidos que se mece en la brisa otoñal y se dirigen al edificio de una planta con fachada verde de piedra de imitación.

Lourdes se presenta ante el guardia que atiende a las visitas y le da su identificación. El guardia les indica que vayan a la pantalla número nueve, uno de quince monitores, cada uno en un nicho de hormigón.

La pantallita negra se enciende. Jasmín puede ver el interior de la unidad carcelaria de Enrique. Pronto, vestido con el overol naranja de prisionero, Enrique se acerca y se sienta frente a la pantalla.

Jasmín levanta el auricular para hablar. Es la única manera en que ha visto a su padre en los nueve meses que lleva preso.

La primera vez, tuvo miedo de acercarse con Lourdes hasta el guardia para anotar su nombre. En lugar de eso, se quedó sentada en una esquina del salón de visitas, intentando alcanzar con la mirada a Enrique en la pantalla lejana.

Hoy, arrastra una silla por el lustroso piso de linóleo para acercarla a la pantalla. Echa de menos los brazos de su padre.

De pie junto a Jasmín, Lourdes pone a Daniel cerca de la pantalla; el niño tiene mejillas regordetas, mechones de pelo negro y lleva puesto un enterito blanco. "¡Mirá! ¡Vas a ver a tu papi!", dice Lourdes en tono de arrullo. Jasmín lleva el auricular al oído de Daniel.

"Dí: 'Hola, papi'", dice Jasmín. Enrique esboza una sonrisa y muestra dos dientes aún rotos desde su viaje en tren. Lourdes le dice que su hijo es tan demandante como lo era Enrique de bebé. Siempre se despierta de mal humor, hace pucheros, se tapa los ojos con el bracito. Cuidar de este niño, tan parecido a lo que ella recuerda de Enrique cuando era bebé, hace sonreír a Lourdes.

Enrique mira a su hijo por la pantalla, hay emoción en su mirada.

"Soy tu papi. Portate bien. ¡Dejá de ser difícil con tu abuela!". Su voz se enternece. Enrique saluda a la pantalla. "¿Cómo está mi niño?".

Como hipnotizado, Daniel fija sus ojos marrones en Enrique. Babea y balbucea en el auricular.

Por fin, Lourdes se prepara para partir, para estar separada de Enrique una semana más. "Te quiero mucho", le dice.

Enrique ha sobrevivido ocho intentos por cruzar México en busca de su madre sin desanimarse, pero algunos domingos estas despedidas son más de lo que puede soportar. La primera vez que vio a Daniel, le dolieron los brazos de las ganas de acunarlo.

A veces les pide que no vengan. Es demasiado duro no poder abrazar a Jasmín. Nunca ha acunado a su hijo ni lo ha tocado.

FE Y PLEGARIAS

Antes de venir a la cárcel, Lourdes y Jasmín han ido a una iglesia evangélica en una barriada de Jacksonville. Adentro del edificio bañado por el sol hay un salón cavernoso pintado de brillantes colores caribeños. Al dar comienzo el servicio, cientos de fieles—inmigrantes de Colombia, Honduras y Cuba—se levantan de las sillas con almohadones morados para bailar y cantar.

"¡Me alegraré en Jehová!", canta Lourdes, aplaudiendo y bailando con sus zapatos de plataforma dorada y lentejuelas. "¡Él ha aliviado mi dolor!", Jasmín, de once años de edad, está junto a ella, meciendo el portabebé de su hermano de dos meses.

Cada domingo, Lourdes canta, baila y reza por tres horas, con una Biblia en la mano. Le pide a Dios que libere a Enrique de sus adicciones. Que lo salve de la deportación y la muerte.

Si lo deportan, la saga migratoria que inició la madre de Enrique cuando se marchó de Honduras comenzará otra vez. Enrique estará separado no sólo de Jasmín, sino de su hijo recién nacido.

REFLEXIONES FINALES

MUJERES, NIÑOS Y EL DEBATE SOBRE LA INMIGRACIÓN

Se calcula que hay un millón de niños que viven ilegalmente en los Estados Unidos, la mayoría provenientes de México y Centroamérica. Como Enrique, casi todos han estado separados de su madre o su padre antes de ir en su busca a los Estados Unidos. Hay estadísticas que indican que uno de cada cuatro niños que asisten a la escuela primaria en este país son inmigrantes o hijos de inmigrantes, casi el doble que en 1990.

Hoy en día, los niños que se marchan de Centroamérica a los Estados Unidos en busca de sus madres enfrentan más peligros y vicisitudes que nunca. Especialmente en el sur de México, corren el riesgo de que los secuestren.

Más al norte, en Nuevo Laredo, en la orilla del río Grande donde acampó Enrique, hay batallas feroces entre bandas de narcotraficantes. El Tiríndaro, el contrabandista que ayudó a Enrique a cruzar a Texas, apareció muerto en febrero de 2002 cerca de la carretera que va al aeropuerto de Nuevo Laredo. Le vendaron los ojos, lo torturaron y lo ejecutaron con un tiro en la cabeza. La muerte de El Tiríndaro, cuyo nombre completo era Diego Cruz Ponce, fue sólo uno de los cincuenta y siete asesinatos ocurridos ese año en Nuevo Laredo, y la violencia ha empeorado desde entonces.

Los Zetas, una organización de narcotraficantes, se apoderaron de Nuevo Laredo y la ciudad se convirtió en una zona de guerra. Los tiroteos a plena luz del día se volvieron un fenómeno común. Aparecieron cuerpos colgados de puentes y estalló una bomba en la oficina del alcalde. Tras un ataque con lanzagranadas a sus oficinas, los reporteros del periódico local dejaron de cubrir la narcoviolencia. En 2005, horas después de haber asumido su cargo con la promesa de restaurar la ley y el orden, el nuevo jefe de policía fue asesinado a balazos.

Los migrantes han estado en el centro mismo de la violencia creciente. Grupos numerosos fueron raptados de autobuses y de los techos de los trenes. En 2010 los Zetas bajaron de un autobús a setenta y dos migrantes—en su mayoría centroamericanos—y los llevaron a una finca y los mataron a balazos uno por uno en un arrebato de furia.

Más tarde ese mismo año, hallaron los cuerpos de 193 migrantes en tumbas clandestinas cerca de allí. La policía los encontró guiada por miembros de los Zeta que confesaron haber secuestrado y asesinado a pasajeros de autobús, muchos de ellos migrantes.

En diciembre de 2010, un grupo de hombres armados secuestró a unos cincuenta centroamericanos tras detener y asaltar un tren en el estado sureño de Oaxaca. Lo mismo les ocurrió dos años más tarde a cuarenta centroamericanos en Veracruz.

En todo México, hay más y más mujeres embarazadas y padres con niños pequeños que viajan en los trenes de carga. Algunos padres llevan bebés en brazos.

Entre 2001 y 2004, prácticamente se duplicó a más de 200.000 el número de migrantes centroamericanos detenidos y deportados cada año. En su mayoría, intentaban llegar a los Estados Unidos provenientes de Guatemala, El Salvador y Honduras. Pero entre 2005 y 2010, la recesión redujo el empleo para inmigrantes, por lo cual menos emprendieron el viaje y la cantidad de centroamericanos capturados en México bajó un 72 por ciento. En 2012, al mejorar las perspectivas económicas en los Estados Unidos, se incrementó el número de migrantes capturados en México. En el verano de 2012, un amigo de Enrique se trepó en Chiapas a un tren que llevaba a otros 1.500 migrantes.

El número de adultos que ingresan clandestinamente a los Estados Unidos está en su punto más bajo en los últimos cuarenta años. Pero recientemente el número de niños que vienen solos como Enrique ha alcanzado niveles sin precedentes. En el año fiscal de 2014, las autoridades de immigración apresaron y detuvieron a unos 68.541 niños, en su mayoría centroamericanos, diez veces más que en el año fiscal de 2011, cuando detuvieron a 6.874 niños. En 2014, al menos otros 15.600 niños de origen mexicano sin un acompañante adulto fueron detenidos y deportados de inmediato. Según cálculos de expertos, por cada migrante capturado hay otros dos que logran pasar, lo cual implica que ese año ingresaron a los Estados Unidos cientos de miles de niños sin un adulto o progenitor que los acompañara. Estos niños huyen de la narcoviolencia, de la incorporación forzada a pandillas y de la pobreza. También, como Enrique, van en busca de sus madres.

El gobierno de los Estados Unidos ha intentado albergar esta oleada de jovenzuelos en ochenta centros de detención ubicados en doce estados; sin embargo, para 2012 la capacidad de estos centros estaba colmada. El gobierno federal debió recurrir a la base aérea Lackland en San Antonio, Texas, y construir tiendas para alojar el excedente: finalmente añadieron 900 camas a las 2.800 ya existentes en los centros de detención para niños y abrieron casi 30 centros más.

A partir de 2006, la llegada de migrantes indocumentados en números sin precedentes, sumada a la hostilidad agudizada por la recesión, dio lugar a una ola de legislación local y estatal dirigida a abordar el problema de la inmigración ilegal.

Las medidas están diseñadas para hacer muy ingrata la vida de los inmigrantes de modo tal que se autodeporten: les prohíben rentar apartamentos, obtener licencias de conducir y conseguir trabajo. Seis estados prohibieron a los estudiantes indocumentados el acceso a matrículas universitarias reducidas a la que tienen derecho los residentes de un estado; Nueva Jersey y Florida también intentaron negar las matrículas reducidas a los hijos de inmigrantes indocumentados nacidos en los Estados Unidos. Los tribunales estatales invalidaron la ley. Estados como Alabama negaron a alumnos inmigrantes sin residencia legal el derecho a asistir a la universidad, aun si estaban dispuestos a pagar la matrícula más cara que pagan los alumnos que vienen de otros estados. (Doce estados promulgaron leyes que permiten a estos estudiantes pagar la matrícula reducida).

Entre 2005 y 2010, las legislaturas estatales promulgaron casi mil leyes sobre inmigración ilegal. En la actualidad, por mandato federal los policías deben actuar *de facto* como agentes de inmigración, arrestando y entregando a los migrantes ilegales a las autoridades federales de inmigración. Seis estados, con Arizona a la cabeza, promulgaron leyes de amplio alcance contra la inmigración ilegal en 2010. Estas leyes atemorizaron a los inmigrantes más de lo que ya estaban.

La cuestión es tan controvertida como siempre y las preguntas son las mismas: ¿La inmigración es buena para los migrantes? ¿Es buena para los países de los que emigran? ¿Es buena para los Estados Unidos y sus ciudadanos?

LA INMIGRACIÓN DESDE LA ÓPTICA DE LOS MIGRANTES

Para los inmigrantes, los beneficios prácticos de venir a los Estados Unidos son claros. El dinero que Lourdes enviaba le permitió a Enrique alimentarse, vestirse y asistir a la escuela por más tiempo. Ya en los Estados Unidos, Enrique manejaba su propia camioneta y podía costearse una vida decente trabajando duro. A Enrique le gusta que las calles sean tan limpias comparadas con las de Honduras, que la mayoría de la gente sea respetuosa y obediente de la ley. Lourdes disfruta dándose duchas con agua corriente y valora la relativa seguridad de su barrio. Tiene la libertad de subirse a su coche y largarse adonde se le ocurra.

Enrique reconoce las desventajas que ya percibía aun antes de ir preso. Debe vivir oculto, sabiendo que lo pueden deportar de un momento a otro. Hay racismo. Cuando va a un restaurante y no puede ordenar en buen inglés, lo miran con desprecio. "Te miran como si fueras una pulga", dice. En las tiendas, los vendedores suelen atender primero a los clientes anglosajones. Hasta los mexicanos menosprecian a los centroamericanos. Muchas veces, los empleadores les pagan menos a los inmigrantes que a los ciudadanos, y les dan las tareas más desagradables que nadie quiere hacer. La recesión castigó con más fuerza a los inmigrantes, entre quienes la tasa de desempleo es más alta que la de los estadounidenses. Un estudio del Pew Research Center halló que la riqueza de los hogares hispanos cayó un 66 por ciento durante la recesión, más que en cualquier otro grupo racial o étnico. Hubo veces que Enrique se las vio en figurillas para conseguir trabajo como pintor.

Enrique y otros afirman que la vida en los Estados Unidos es demasiado acelerada. En Honduras, el sábado se trabaja medio día y el domingo se descansa. Hay tiempo para estar con la familia y disfrutar una comida todos juntos. Aquí, Enrique trabaja como pintor siete días a la semana en una lucha constante por pagar las cuentas. "Aquí se corre todo el tiempo", dice Enrique.

Antes de 1990, la inmensa mayoría de los inmigrantes se

dirigía a seis estados. Pero con el renovado flujo de inmigrantes legales e ilegales, 27 millones en veinte años, muchos de ellos fueron a lugares que hacía décadas que no recibían nuevos inmigrantes. Muchos inmigrantes latinos de habla castellana y costumbres diferentes fueron a estados donde la gente era reacia al cambio rápido y se mostraba hostil con los recién llegados. Los legisladores hicieron eco de esa hostilidad lanzando la mayor campaña contra inmigrantes indocumentados en décadas.

EL TRAUMA DE LOS RECIÉN LLEGADOS

Para la mayoría de los inmigrantes, el aspecto más negativo de su venida a los Estados Unidos es el daño causado por los años de separación de padres e hijos. Ese costo se comprueba de manera vívida en lugares como la escuela Newcomer de Los Ángeles, una escuela de transición para alumnos que son inmigrantes recién llegados.

Cada día, Gabriel Murillo, el amable consejero escolar, encuentra la caja de madera que está afuera de su oficina llena de papeletas en las que se solicita "hablar con el consejero". Más de la mitad de los 430 estudiantes de preparatoria querrán verlo antes de fin de año. ¿La razón? Problemas familiares, escriben. Muchos se han reunido hace poco con uno de sus progenitores, normalmente la madre. Como promedio, llevaban diez años sin verla.

Murillo ve algunos niños que ya estaban resentidos antes de venir al norte. Otros tienen una rabia reprimida que aflora meses después de haberse reunido con su madre. Los niños dicen que sus madres les mintieron desde el principio, prometiéndoles que volverían pronto. Dicen que rezaron para que la Patrulla Fronteriza las apresara y las mandara de regreso, que preferían estar con ellas, aun si pasaban hambre. Los niños exigen que las madres admitan su error y les pidan perdón por haberlos dejado. Les dicen que ellos nunca dejarían a sus hijos. Las acusan de ser peores que animales. Un animal no abandona a sus crías.

Algunos niños sienten enojo porque han debido abandonar a las personas que más los amaron y los cuidaron, sus abuelas, que ahora pueden estar sufriendo la pérdida de su única fuente de ingresos. ¿Y si nunca vuelven a ver a sus abuelos?

Las madres exigen que se respete su sacrificio, e insisten en que lo que ganaron con la separación valió la pena. Ven a sus hijos como mocosos desagradecidos. Acosadas por la culpa, a veces las madres no disciplinan a sus hijos. Muchas de estas cicatrices son incurables o tardan años en sanar. Bradley Pilon, psicólogo del Distrito Escolar Unificado de Los Ángeles, cree que sólo uno de cada diez estudiantes llega a aceptar a su progenitor y logra superar el rencor.

Con frecuencia, las madre pierden lo que para ellas es lo más importante: el amor de sus hijos.

Murillo dice que algunas madres hacen las cosas bien. Dejan a sus niños con parientes que siempre les recuerdan que los padres se fueron para ayudar a sus hijos. Se mantienen en contacto permanente durante la separación. Son francos y comunicativos en lo que respecta a su vida en los Estados Unidos. No prometen nada, especialmente una visita o un reencuentro, hasta estar seguros de poder cumplir la promesa. Según Murillo, aun en estos casos los reencuentros son tormentosos. "Creo que es como dice la Biblia. La gente puede ir de aquí para allá. Pero no puede hallar la paz", dice una madre.

Según Murillo, al no encontrar en sus madres el amor que buscaban, muchos niños reunificados lo buscan en otra parte. Para algunos muchachos, la pandilla local se convierte en su familia y acaban vendiendo drogas. Algunas muchachas se embarazan y forman su propia familia antes de estar listas. El pandillerismo y los embarazos son mucho más frecuentes en niños que se han reunificado con su familia que en los nacidos aquí, explica Zenaida Gabriel, una trabajadora social del Sunrise Community Counseling Center, adonde acuden por ayuda algunos alumnos de Newcomer.

Laura López, psicóloga de la escuela Newcomer, calcula que sólo 70 de los 430 alumnos terminarán sus estudios secundarios. Según Jeffrey Passel, un estudioso de la inmigración, casi la mitad de los niños centroamericanos que llegan a los Estados Unidos después de los diez años de edad dejan los estudios antes de terminar el secundario.

Dice Marga Rodríguez, una maestra de educación especial: "Esto no vale la pena. Al final, pierdes a tus hijos". Pero ella también admite que ignora lo que es no tener qué darles de comer a tus hijos hambrientos.

Oscar Escalada Hernández, director del albergue para niños

inmigrantes Casa YMCA de Tijuana, México, concuerda. "El efecto de la inmigración ha sido la desintegración de la familia. La gente deja atrás el valor más importante: la unidad familiar".

Los sobrevivientes, como Enrique, tratan de no pensar en los problemas con sus madres y se concentran en las cosas buenas que les depara el futuro.

Se esfuerzan por lograr que el amor que sienten por ellas se sobreponga al rencor que también albergan en su fuero interno.

LOS PAÍSES QUE QUEDAN ATRÁS

El éxodo de inmigrantes también ha resultado agridulce para los países que éstos dejan. El drenaje de población ha impedido que se disparen las altas tasas de desempleo: los que se quedan ocupan los puestos de trabajo que de otro modo habrían ocupado los migrantes.

Los inmigrantes también giran sumas enormes desde los Estados Unidos a sus familias en el país de origen, típicamente un dólar por cada diez que ganan, lo que significa una inyección de 40 mil millones de dólares anuales a la economía de Latinoamérica. El dinero se gasta en comida, vestimenta, atención médica y educación de los niños. Los abuelos que reciben dinero para cuidar de los niños estarían en la indigencia sin estas remesas.

Según Norberto Girón, de la Organización Internacional

para la Migración con sede en Honduras, los inmigrantes que regresan a su país de origen traen conocimientos adquiridos en un país más avanzado tecnológicamente. Como los inmigrantes quieren comunicarse con sus familias en Honduras, los servicios de teléfono e Internet han mejorado. Vuelven con menos tolerancia a la corrupción y exigen con más fuerza procesos democráticos, explica Maureen Zamora, una hondureña experta en inmigración.

Pero la separación de padres e hijos ha tenido consecuencias negativas duraderas en estos países de Latinoamérica.

Muchos de los 36.000 pandilleros que hay en Honduras vienen de familias en las que la madre ha migrado al norte, dice Zamora.

Los abuelos se dejan llevar por la culpa que sienten porque el niño que crían no está con su madre y son flojos con la disciplina. También les preocupa que el dinero que gira la madre vaya a dar a otro lado si el niño se queja y se lo pasan a otro pariente.

Una señal de que Honduras acusa el daño causado por las separaciones familiares es una campaña publicitaria lanzada por el gobierno en 2002. Los anuncios se transmiten por radio y televisión, y en afiches pegados a las vallas publicitarias de la estación de autobuses de Tegucigalpa, desde donde los hondureños emprenden el viaje al norte. "Papá, mamá", se lee en el afiche con la imagen de una niña en un columpio. "Tus hijos te necesitamos. Quédate y trabaja por nosotros. En Honduras las oportunidades de superación existen. ¡Descúbrelas!".

UN PAÍS DE INMIGRANTES

Cada año, ingresan a los Estados Unidos casi un millón de inmigrantes legales, más del doble que en la década de 1970. La recesión y el incremento de los controles fronterizos redujeron la inmigración ilegal en dos tercios desde su pico en 2007, pero aún ingresan ilegalmente a los Estados Unidos 300.000 personas por año.

Hoy en día, 40 millones de residentes de los Estados Unidos han nacido en el extranjero; casi un tercio de ellos son ilegales. A pesar de la caída reciente, la década entre 2000 y 2010 ha tenido el mayor número jamás registrado de inmigrantes hacia los Estados Unidos.

Hoy en día, si bien la proporción de habitantes de los Estados Unidos nacidos en el extranjero es 13 por ciento— levemente menor al pico de 15 por ciento alcanzado en 1890—ha aumentado en relación al 5 por ciento registrado en 1970. En California, más de uno de cada cuatro residentes es nacido en el extranjero.

Algunos mexicano-estadounidenses llaman en broma a este influjo "la reconquista" de los territorios que alguna vez pertenecieron a México.

Al principio, Enrique y Lourdes tienen opiniones distintas en cuanto al impacto de este fenómeno en los Estados Unidos. Enrique afirma que, si él fuera ciudadano estadounidense, querría restringir la inmigración ilegal. Como muchos de sus compañeros en la cuadrilla de pintores, él recibe su paga por debajo de la mesa, lo cual implica que no paga impuesto a los ingresos. Usa servicios públicos, incluyendo atención médica de emergencia. Y gira una parte de sus ingresos a Honduras en lugar de gastarlo en el lugar donde vive.

Lourdes no está de acuerdo. Es verdad que su hija nació en un hospital público y que recibió asistencia pública por un tiempo, dice. Sin embargo, ella paga impuestos y tiene derecho a esos servicios. Para ella, el trabajo de los inmigrantes es uno de los motores de la economía de los Estados Unidos.

Los inmigrantes como ella, asegura, trabajan duro en empleos que ningún estadounidense quiere tomar, al menos no a cambio de un salario mínimo y sin cobertura de salud ni vacaciones pagas. El hecho de que los inmigrantes estén dispuestos a hacer el trabajo pesado a cambio de un sueldo bajo es lo que permite que haya bienes y servicios para todos los estadounidenses a un precio razonable, afirma Lourdes.

Con el correr del tiempo, Enrique va modificando sus opiniones y empieza a estar más de acuerdo con su madre. Es claro que los inmigrantes son un sostén de la economía de los Estados Unidos, afirma. No entiende por qué la policía los persigue.

Muchos estadounidenses comprenden que haber nacido en los Estados Unidos y tener las oportunidades que implica ser ciudadano es una cuestión de pura suerte. Se alegran de compartir las oportunidades que ofrece su país con personas que ansían desesperadamente una vida mejor.

Otros creen que las políticas pasadas de los Estados Unidos hacia Latinoamérica han creado las condiciones que engendraron la actual oleada de inmigrantes. En décadas recientes, los

Estados Unidos han apoyado, y en algunos casos han ayudado a instalar en el poder, a regímenes represivos en Latinoamérica. Impermeables a la reforma, estos regímenes alimentaron la pobreza, guerras civiles y las crisis económicas resultantes que hoy empujan a tantos latinoamericanos a emigrar a los Estados Unidos. En la actualidad, la demanda estadounidense de cocaína y marihuana es la causa del auge de los carteles y la violencia al sur de la frontera.

En los Estados Unidos, los empleadores perciben otras ventajas. Por ser indocumentados, Enrique y otros como él tienen motivación para trabajar bien y tener empleo estable. Enrique sabe que su familia en Honduras depende del dinero que él les envía. Se esfuerza por mantener su trabajo. Para él sería difícil conseguir otro empleo porque no tiene papeles y no habla fluidamente el inglés.

Muchos estudiosos afirman que los inmigrantes contribuyen al crecimiento de la economía y ayudan a impedir que las industrias que necesitan mano de obra barata se vean forzadas a cerrar o a tercerizar el trabajo en el extranjero. En las ocupaciones que requieren poco nivel educativo, como el trabajo de limpieza, cuidado de niños o en fábricas, las mujeres inmigrantes hacen la mayor parte del trabajo. Según un estudio realizado en 1997 por el National Research Council, considerado como una de las evaluaciones más completas de los efectos de la inmigración, la contribución de los inmigrantes a la economía nacional de 16 billones de dólares es modesta pero significativa, y ayudan a reducir el costo del 5 por ciento de todos los bienes y servicios que se consumen en los Estados Unidos.

Otros opinan que la mayor contribución de los inmigrantes es que su presencia renueva la sangre, las ideas y las formas de ver las cosas, lo cual da impulso al espíritu creador y el progreso. El estudio de NRC observó que, entre las personas más exitosas del país, como los ganadores del premio Nobel, la proporción de inmigrantes de todo el mundo es mucho mayor que en la población general. Por cierto, los inmigrantes suelen ser la gente más motivada que hay. Si no fuera así, ¿cómo podrían abandonar todo lo que conocen y atravesar México viajando en el techo de un tren carguero para llegar a un lugar donde deben empezar de cero?

COSTO Y BENEFICIO

Algo de la oposición a la inmigración es racismo, resistencia al cambio e incomodidad al vernos rodeados de personas que hablan otro idioma o tienen costumbres diferentes. No obstante, algunas de las consecuencias negativas de la inmigración son reales, y se van haciendo más patentes a medida que llegan más mujeres y niños.

Según el estudio de NRC, en general los inmigrantes utilizan más servicios del gobierno que los nativos. Tienen más hijos, por lo tanto mandan más niños a las escuelas públicas. Esto es especialmente cierto en el caso de los inmigrantes de Latinoamérica, cuyas familias tienen el doble de miembros que las de los nativos. El estudio halló que el gobierno gastará dos veces y media más por grupo familiar en educar a esos niños.

Los inmigrantes son más pobres, tienen ingresos menores y esto los habilita para recibir más servicios de asistencia local y estatal. Durante el embarazo, las mujeres inmigrantes reciben servicios públicos de atención prenatal y obstetricia. Sus hijos nacidos en los Estados Unidos tienen derecho a la beneficencia pública, vales para comprar alimentos y Medicaid. Comparados con las familias nativas, la probabilidad de que una familia inmigrante de Latinoamérica reciba beneficencia pública para sus hijos es casi el triple.

Como ganan menos dinero y es menos probable que sean propietarios, los inmigrantes pagan impuestos más bajos. Algunos inmigrantes cobran su salario en efectivo y no pagan ningún impuesto a los ingresos.

La carga fiscal para el contribuyente es mayor en los estados que reciben muchos inmigrantes, como California, donde se estima que la mitad de los niños son hijos de inmigrantes. Allí, los hogares no inmigrantes pagan más impuestos estatales y locales que lo que reciben en concepto de servicios; en cambio, los hogares inmigrantes pagan mucho menos en impuestos que los servicios que reciben del gobierno.

El influjo de tantos inmigrantes ha acelerado el deterioro de muchos servicios públicos, como escuelas, hospitales, cárceles y prisiones estatales. Las aulas están abarrotadas. Los hospitales se han visto forzados a cerrar las salas de emergencia, en parte porque deben proveer atención gratuita a tantos pacientes que no pueden pagar, incluyendo a los inmigrantes. En el condado de Los Ángeles, las cárceles han tenido que liberar presos antes de tiempo debido la superpoblación causada en parte por reclusos que son inmigrantes. El Center for Inmigration Studies, que propugna una restricción de los niveles de inmigración, halló que en 2002 los hogares encabezados por inmigrantes ilegales en todo el país utilizaron servicios por el valor de 26.300 millones de dólares y pagaron 16 mil millones en impuestos.

Los más afectados por el influjo de inmigrantes son los miembros de minorías nativas menos privilegiadas que no han terminado los estudios secundarios; es decir, los afroamericanos y los inmigrantes hispanos llegados en oleadas anteriores. Estos grupos compiten por los mismos empleos que toman los inmigrantes en el extremo inferior de la escala laboral.

En años recientes ha caído el salario que se paga a los que no tienen título secundario, que son uno de cada catorce trabajadores nativos. Un estudio de la Universidad de Harvard halló que, entre 1980 y 2000, el flujo de inmigrantes hacia los Estados Unidos causó una reducción de 7.4 por ciento en el salario de los nativos sin diploma secundario, es decir, una caída de 1.800 dólares para un salario promedio de 25.000 dólares.

A veces, todo un sector industrial pasa de emplear trabajadores nativos a emplear inmigrantes. En 1993, investigué el intento de organizar un sindicato para el personal de limpieza de oficinas en Los Ángeles. Anteriormente, había sido mayoritariamente un trabajo de afroamericanos, que se enorgullecían de haber conseguido mejores salarios y cobertura de salud. Las compañías de limpieza quebraron el sindicato y reemplazaron a los trabajadores con inmigrantes latinos que trabajaban por la mitad del salario y sin beneficios.

Los empleadores sacaron ventaja porque ya no tenían que tratar bien a sus empleados. Se salieron con la suya por la misma razón por la que el crimen y la violencia perpetradas en México contra los centroamericanos quedan impunes: si los inmigrantes fueran a quejarse a la policía, los identificarían como ilegales y los deportarían.

En 1996, fui a una típica manzana de casas de dos dormitorios en el Este de Los Ángeles en un intento por comprender por qué casi un tercio de los latinos de California había apoyado la Proposición 187, una iniciativa popular que impedía a los inmigrantes ilegales el acceso a escuelas, hospitales y buena parte de la beneficencia pública. El electorado aprobó la medida, que tiempo después fue declarada inválida en los tribunales.

El origen de la antipatía que sentían los residentes hacia los recién llegados era que sus vidas y sus barrios habían cambiado para mal a causa de la inmigración ilegal. Para ellos, el influjo no se había traducido en niñeras y jardineros baratos, sino en mayor competencia por los empleos, estancamiento del salario, sobrecarga de los servicios públicos y peor calidad de vida.

Los recién llegados al barrio eran pobres. Según el cálculo de los residentes, la población de esa manzana se había triplicado desde 1970; hasta diecisiete inmigrantes vivían apiñados en una casita de estuco. Los latinos de segunda y tercera generación pensaban que sus barrios de clase obrera eran los que llevaban la peor parte con el advenimiento de esa oleada de trabajadores empobrecidos y sin capacitación. Los inmigrantes llegaban a un ritmo inquietante, competían con los locales por los empleos de pintor, mecánico y obrero de la construcción y deprimían el salario.

En la década de 1980, la RAND Corporation, un centro de estudios con sede en Santa Mónica, California, halló que los beneficios de la inmigración superaban los costos. Para 1997, llegaron a la conclusión opuesta. Recomendaron que el país redujera la inmigración legal a los niveles de 1970.

Otros estudiosos de la inmigración se cuestionan si tiene sentido permitir que ingresen tantos inmigrantes con bajo nivel de educación provenientes de países pobres y subdesarrollados cuando los Estados Unidos tienen que competir globalmente en industrias que requieren capacitación, creatividad y conocimiento. Los mexicanos que ingresan al país tienen un promedio de cinco a nueve años de educación.

Otros expertos hacen hincapié en la sobrecarga para los parques, las autopistas y el medio ambiente que implica agregar más de un millón de inmigrantes por año a la población de los Estados Unidos. Con casi 315 millones de habitantes, la población de los Estados Unidos se ha quintuplicado con creces desde los tiempos en que se empezó a recibir con los brazos abiertos a los recién llegados en Ellis Island.

En el condado de Los Ángeles, el auge de la inmigración entre 1980 y 1997 contribuyó a casi duplicar la tasa de pobreza, que alcanzó el 25 por ciento. El resultado, al menos en el corto plazo, es un mar de barrios pobres y de clase obrera con islas de abundancia.

POLÍTICAS ESQUIZOFRÉNICAS

A fin de cuentas, el cálculo de los costos y los beneficios de la inmigración depende de quién lo haga. Los empresarios y comerciantes que usan el trabajo barato de los inmigrantes son los que más beneficios obtienen de inmigrantes como Enrique y Lourdes. Tienen una oferta accesible de trabajadores obedientes y baratos. También se benefician las familias que contratan a inmigrantes para cuidar de sus hijos, llevarlos a la escuela, ocuparse del jardín o lavar sus coches.

Los nativos que no terminaron el secundario son los que más pierden, al igual que los que viven en estados con muchos inmigrantes, como California, donde se calcula que vive un cuarto de los inmigrantes ilegales, porque los servicios que los inmigrantes más usan se financian con impuestos locales y estatales.

Las encuestas indican que en años recientes se ha endurecido la percepción que tienen los estadounidenses de los inmigrantes, especialmente cuando se trata de indocumentados. Un porcentaje creciente cree que el gobierno debe reducir los niveles de inmigración que se registran en la actualidad.

Muchos observadores de la inmigración creen que los Estados Unidos ha llevado adelante una política de inmigración deliberadamente esquizofrénica. El gobierno gasta 18.000

millones de dólares en controlar la frontera y ha quintuplicado el número de agentes asignados a la frontera sudoeste
desde que inició su ofensiva contra la inmigración ilegal en los
años noventa. Ha alzado una muralla a lo largo de un tramo
de setecientas millas de esa línea divisoria. Los políticos hablan
con severidad de capturar inmigrantes ilegales. Las industrias
que usan trabajo intensivo—la agricultura, la construcción,
los procesadores de alimentos, restaurantes y agencias de personal doméstico—quieren la mano de obra barata de los inmigrantes para optimizar sus ganancias. Mientras tanto, alegan
los críticos, los esfuerzos por hacer cumplir muchas de las leyes
nacionales de inmigración son débiles.

Cada vez que las autoridades de inmigración hacen un
mínimo intento de aplicar una ley promulgada en 1986 que
prevé multas de hasta 10.000 dólares por cada inmigrante ilegal que contrate una empresa, los empresarios—ya se trate de
productores de cebolla en Georgia o frigoríficos del Medio
Oeste—se quejan amargamente. Bajo el presidente Obama se
han llevado a cabo "redadas silenciosas" en miles de empresas,
incluyendo Chipotle y American Apparel, en las que piden
documentación que compruebe que el número de seguro social
de los empleados coincide con su nombre, si no el empleado
debe ser despedido. El gobierno ha aplicado multas por más de
100 millones de dólares, pero los empleadores dicen que, sin
marcadores biométricos, los trabajadores simplemente pueden
darle al empleador el nombre que corresponde con el número
y no hay forma de saber que su identidad es falsa. De igual
modo, un plan piloto que permitiría a algunos empleadores

corroborar por teléfono la situación inmigratoria de los que solicitan empleo no se ha difundido por todo el país y sigue siendo voluntario a nivel federal y en la mayoría de los estados.

Recientemente, se ha apaciguado el furor por promulgar leyes antiinmigratorias; en la primera mitad de 2012 la cantidad de leyes promulgadas bajó 20 por ciento y la cantidad de leyes propuestas bajó 40 por ciento respecto del mismo período de 2011. No ha habido ninguna ley al estilo de la de Arizona en 2012. En Georgia los políticos tienen que vérselas con poderosos intereses económicos, porque debido a una ley antiinmigratoria de 2011 se fue del estado el 40 por ciento de los trabajadores agrícolas, por lo cual quedaron sin cosechar por falta de mano de obra cultivos por un valor de 140 millones de dólares. En Arizona, cinco leyes adicionales referentes a la inmigración fracasaron rotundamente, y el senador estatal que redactó la ley original de inmigración fue destituido.

Los legisladores también están repensando sus posturas por consideraciones demográficas ya que los latinos—cuya adhesión al Partido Demócrata no es necesariamente automática porque tienden a ser conservadores en lo social—pasarán de constituir el 17 al 30 por ciento de la población para 2050. Propugnar legislación antiinmigratoria puede traducirse en derrota electoral. La Proposición 187 de 1994, que negaba a los indocumentados el acceso a todos los servicios del gobierno incluyendo la educación primaria y secundaria, distanció a los latinos del Partido Republicano de ese estado. Hoy en día, no hay ningún republicano en un cargo de alcance estatal en California. En 2012, el presidente Obama sacó rédito electoral al firmar un decreto que aplaza por dos años la deportación de 1,7 millones de inmigrantes ingresados al país clandestinamente cuando eran niños.

Por décadas, los políticos le han puesto cerrojo a la puerta delantera y han abierto de par en par la puerta trasera. Una operación implementada en 1993 en la frontera entre los Estados Unidos y México estaba diseñada para desviar el tráfico de inmigrantes a zonas más remotas de la frontera, donde los agentes de la Patrulla Fronteriza tienen una ventaja táctica. Según un estudio realizado en 2002 por el Public Policy Institute of California (PPIC), desde el inicio de la operación se ha triplicado el número de agentes que patrullan la frontera y el gasto de implementar los controles. No obstante eso, el PPIC concluyó que no puede comprobarse que la estrategia haya funcionado. De hecho, el número de inmigrantes que ingresan clandestinamente a los Estados Unidos aumentó con mayor rapidez desde que se reforzaron los controles fronterizos, al menos hasta que vino la recesión y los migrantes comprendieron que hacer el viaje no valía la pena.

Ahora, los inmigrantes ilegales recurren a contrabandistas más que antes (90 por ciento contra el anterior 70 por ciento). Los inmigrantes, en particular los mexicanos, solían regresarse después de breves períodos de trabajo en los Estados Unidos. Hoy por hoy, dado el costo y la dificultad creciente del cruce, un número mayor viene para quedarse. La nueva estrategia también ha resultado en más de trescientas muertes anuales, ya que los migrantes se ven forzados a cruzar por los tramos menos poblados, más aislados y más inhóspitos de la frontera.

Mientras siga existiendo la pobreza abrumadora que soportaba la madre de Enrique, lo más probable es que la gente siga intentando cruzar a los Estados Unidos aunque para hacerlo tenga que afrontar riesgos enormes.

Hay un patrón claro en la historia de los Estados Unidos: cuando necesitamos mano de obra, les damos la bienvenida a los migrantes. Cuando estamos en recesión, queremos que se vayan. Durante la Gran Depresión, un millón de mexicanos fueron deportados de los Estados Unidos, aunque la mitad de ellos estaban legalmente en el país. Durante la Segunda Guerra Mundial, cuando escaseaba la mano de obra, lanzamos un gigantesco programa de trabajadores invitados conocidos como Braceros. En el año fiscal de 2011 se registró el menor número de capturas de inmigrantes ilegales de los últimos cuarenta años, apenas 340.000 comparados con 1,68 millones en el año 2000. A medida que la economía se vaya recuperando ¿volverá el influjo y la inevitable reacción contraria?

En los Estados Unidos, muchos expertos en inmigración han llegado a la conclusión de que la única estrategia efectiva para lograr un cambio es mejorar la situación económica de los países de origen, para que la gente no se vea obligada a emigrar ni quiera hacerlo. Los hondureños señalan algunas cosas que serían conducentes a ese fin. Piden que los Estados Unidos brinde su apoyo a gobiernos más democráticos y dispuestos a luchar contra la corrupción y redistribuir la riqueza. ¿Y si el gobierno de Honduras promoviera, como México, el planeamiento familiar? En México, la única campaña que se ha hecho para reducir el número de niños por familia de 6,8 en 1970 a 2,2 en 2012 es quizá, por sí solo, el cambio que más ha afectado la necesidad de emigrar. Si la política comercial de los Estados Unidos diera fuerte preferencia a los bienes provenientes de países expulsores de población, se impulsaría el crecimiento de ciertas industrias como la textil, que da empleo a mujeres hondureñas. Otros creen que los Estados Unidos, que en comparación con otros países industrializados es notoriamente tacaño en sus donaciones al extranjero, debería incrementar la ayuda.

Los hondureños señalan que los individuos pueden dar su apoyo a organizaciones no gubernamentales que promuevan la creación de puestos de trabajo en pequeñas empresas o mejoren el acceso a la educación en Honduras, donde el 11 por ciento de los niños nunca asiste a la escuela.

Este éxodo de mujeres y niños está ocurriendo en muchos lugares del mundo. Hay 214 millones de migrantes en todo el mundo; el 49 por ciento son mujeres. Solamente a Europa han ingresado 100.000 niños sin un acompañante, típicamente desde Afganistán, Albania y África del Norte.

La mayoría de los inmigrantes habría preferido quedarse en su país con su familia extendida. ¿Quién quiere abandonar su hogar y todo lo que le es familiar a cambio de algo extraño sin saber si alguna vez va a regresar? No muchos.

¿Qué se necesita para asegurar que más mujeres puedan quedarse en su país y con sus hijos, que es donde quieren estar? Eva, la madre de María Isabel, dice sencillamente: "Hace falta trabajo. Trabajo con buena paga. Eso es todo".

NOTAS

La investigación periodística realizada para este libro abarca un período de cinco años. Durante ese tiempo pasé un total de seis meses en Honduras, Guatemala, México y Carolina del Norte en los años 2000 y 2003. Los primeros viajes se hicieron con vistas a un reportaje seriado para el periódico *Los Angeles Times*. Los viajes posteriores se hicieron para ampliar la serie y convertirla en un libro. Conocí a Enrique en Nuevo Laredo, México, en mayo del año 2000, antes de que se encontrara con su madre. Pasé dos semanas con él allí y luego nos volvimos a ver en Carolina del Norte, donde ya se había reunido con su madre. Más tarde, basándome en las extensas entrevistas que le hice a Enrique en México y durante tres visitas a Carolina del Norte, reconstruí paso a paso su trayectoria partiendo desde su casa en Honduras.

Entre mayo y septiembre del año 2000, pasé tres meses abriéndome camino por México tal cual lo había hecho Enrique; viajé en los techos de siete trenes de carga, entrevisté a personas que él había conocido y a docenas de otros niños y adultos que estaban haciendo el viaje. Rodeé retenes de inmigración a pie y viajé en camión como autostopista, exactamente como Enrique. Para seguir sus pasos, atravesé trece de los treinta y un estados de México.

Aunque fui testigo de una parte de la travesía de Enrique, buena parte de la información sobre su viaje y su vida están basados en los recuerdos de Enrique y su madre. Enrique relató casi todas sus experiencias del viaje pocas semanas después de ocurridas. Siempre que fue posible, corroboré la veracidad de las escenas y las conversaciones con una o más personas que también habían estado presentes.

En los Estados Unidos, Honduras, México y Guatemala llevé a cabo cientos de entrevistas con inmigrantes, defensores de los derechos de los inmigrantes, personal de albergues, académicos, personal médico, funcionarios de gobierno, agentes de policía, y sacerdotes y monjas que se ocupan de los migrantes. Entrevisté a jóvenes que habían hecho la travesía al norte en los techos de trenes de carga en cuatro centros de detención del INS en California y Texas, y también en dos albergues para niños inmigrantes de Tijuana y Mexicali, México. Realicé entrevistas en Los Ángeles y consulté estudios académicos y libros sobre inmigración.

En el año 2003, reconstruí la travesía de Enrique por segunda vez. Estuve un tiempo en Honduras con la familia de Enrique, su novia María Isabel y la hija de ambos, Jasmín. Presencié algunas de las escenas que describo sobre la vida de María Isabel con su hija. Viajé nuevamente a través de Honduras y Guatemala, y volví a hacer el recorrido en tren comenzando en Tapachula, en el estado mexicano de Chiapas. Para obtener detalles adicionales sobre el viaje y las personas que ayudan a los migrantes a lo largo de las ferrovías, visité cinco regiones de México.

Me quedé dos semanas con Olga Sánchez Martínez, que trabaja en un albergue en Tapachula, México, y una semana con el padre Leonardo López Guajardo en la parroquia de San José en Nuevo Laredo, México. Hice un cuarto viaje a Carolina del Norte para entrevistar a Enrique, Lourdes y otros miembros de la familia. En el año 2004, durante una visita de Lourdes a Long Beach, California, la acompañé a lugares en los que había vivido y trabajado. Entre los años 2000 y 2005, llevé a cabo periódicamente entrevistas telefónicas con Enrique y Lourdes.

La decisión de utilizar solamente los nombres de pila de Enrique y Lourdes es una continuación de la decisión que tomó el periódico *Los Angeles Times* con mi apoyo. El periódico tiene una fuerte preferencia por dar a conocer el nombre completo de los sujetos de sus artículos. Así lo hizo con dos miembros de la familia de Enrique y un amigo de él. Pero el *Times* decidió identificar a Enrique, su madre, su padre y sus dos hermanas únicamente con el nombre de pila y no divulgar el apellido materno o paterno, o ambos, de seis parientes, al igual que algunos detalles del empleo de Enrique. La investigadora del *Times,* Nona Yates, encontró en una base de datos que la publicación de los nombres completos podía dar lugar a que Enrique fuera identificado por las autoridades. En 1998 el periódico *News and Observer* de Raleigh, Carolina del Norte, publicó un perfil sobre un inmigrante ilegal al que identificó con su nombre completo y su lugar de trabajo. Las autoridades arrestaron al sujeto del reportaje, a cuatro de sus compañeros de trabajo y a un cliente por ser inmigrantes indocumentados. La decisión del *Times* se adoptó con la intención de permitir que Enrique y su familia pudiesen vivir como lo habrían hecho de no haberse prestado a hacer este reportaje. Por ese mismo motivo, he decidido identificar a la novia de Enrique, María Isabel, por su nombre de pila y no divulgar el apellido materno, paterno o ambos, de sus parientes.

Lo que sigue es un recuento de las fuentes de las que se obtuvo la información que hay en este libro. Es un listado extenso pero incompleto de los que hicieron posible el relato de la historia de Enrique. En todo el libro, las edades y los títulos de las personas corresponden al momento en que Enrique hizo su viaje. A pesar de las precauciones tomadas al escribir el libro *La Travesía de Enrique,* después de su arresto en diciembre de 2011, los funcionarios de inmigración lo han identificado con este libro.

PRÓLOGO

La información sobre el número de inmigrantes ilegales proviene de la Oficina de Estadísticas sobre Inmigración del Departamento de Seguridad Nacional de los Estados Unidos y del demógrafo Jeffrey S. Passel, investigador adjunto del Pew Hispanic Center. Passel calculó que desde el año 2000 han ingresado como promedio un millón de inmigrantes ilegales por año.

El cálculo de que por lo menos 48.000 niños ingresan a los Estados Unidos desde Centroamérica y México de manera clandestina y sin ninguno de sus padres es del año 2001. Se llegó a ese cálculo sumando las siguientes cifras: el Servicio de Inmigración y Naturalización (INS, por sus siglas en inglés) dijo haber detenido 2.401 niños centroamericanos. El INS no tenía una cifra para niños mexicanos pero, según el Ministerio de Relaciones Exteriores de México, 12.019 niños habían sido detenidos por el INS. Según estimaciones de académicos como Robert Bach, que fue Comisionado Ejecutivo Asociado para Políticas, Planeamiento y Programas del INS, unos 33.600 niños eluden la captura. Para el año 2000, el total sumaba 59.000.

La información sobre la oleada inicial de inmigrantes a los Estados Unidos que eran madres solteras vino de Pierrette Hondagneu-Sotelo, profesora de sociología de la Universidad del Sur de California y de Wayne Cornelius, directora del Centro de Estudios Comparados sobre Inmigración de la Universidad de California, en San Diego. Hondagneu-Sotelo también proporcionó el dato acerca del aumento estimado de los empleos domésticos en los Estados Unidos durante la década de 1980.

El estudio de la Universidad del Sur de California que habla del número de niñeras de planta que han dejado hijos en su países es "I'm Here But I'm There: The Meanings of Latina

Transnational Motherhood", 1997. El estudio de la Universidad de Harvard que detalla el porcentaje de niños inmigrantes separados de sus padres en el proceso de la inmigración es "Children of Immigration", 2001.

La descripción sobre cómo llegan los inmigrantes a Nuevo Laredo después de haber perdido los números telefónicos que llevaban provino del diácono Esteban Ramírez Rodríguez de la parroquia de Guadalupe en Reynosa, México, y de varios niños migrantes varados en Nuevo Laredo, incluyendo a Ermis Galeano y Kelvin Madariaga. Los mellizos migrantes José Enrique Oliva Rosa y José Luis Oliva Rosa contaron que fueron secuestrados.

EL NIÑO QUE QUEDÓ ATRÁS

La mayor parte de la información acerca de las vidas de Enrique y Lourdes en Honduras, la partida de Lourdes de Honduras, sus vidas durante la separación y la partida de Enrique en busca de su madre se obtuvo de Enrique, Lourdes y miembros de la familia que incluyen a Belky, la hermana de Enrique; sus tías Mirian, Rosa Amalia y Ana Lucía; su tío Carlos Orlando Turcios Ramos; su abuela materna Águeda Amalia Valladares y su abuela paterna María Marcos; la prima de su madre, María Edelmira Sánchez Mejía; su padre Luis y su madrastra Suyapa Álvarez; su novia María Isabel y la tía de ella, Gloria; las primas de Enrique, Tania Ninoska Turcios y Karla Roxana Turcios; como asimismo de José del Carmen Bustamante, un amigo de Enrique con quien consumía drogas.

Lourdes detalló cómo fue abandonada por su contrabandista en una estación de autobuses de Los Ángeles en 1989
al regresar a la estación conmigo en el año 2004. Durante ese
viaje, Lourdes proporcionó detalles adicionales sobre su vida
en Long Beach llevándome a los lugares donde una vez había
vivido y trabajado, incluyendo un bar ubicado allí. Entrevisté
a varias de las amistades de Lourdes en Long Beach, y ellos
corroboraron que habían sido estafados por una mujer que
prometió ayudarlos a hacerse residentes legales.

Para el relato de la vida de Enrique con su abuela paterna,
visité su casa y la de su padre, al igual que el mercado donde
Enrique vendía especias.

El regreso de Santos a Honduras provino de Lourdes y de
sus parientes en Honduras, que afirmaron haber sido testigos
de su comportamiento. Santos no pudo ser localizado.

La información sobre lo que cobran los contrabandistas para
traer niños centroamericanos a los Estados Unidos se obtuvo
de mujeres inmigrantes y de Robert Foss, director legal del
Central American Resource Center en Los Ángeles.

LA REBELIÓN

Lo que se relata sobre la vida de Lourdes en Carolina del Norte
viene de ella misma, de su novio, de su hija Diana y de amigos
y parientes de la familia.

La descripción del basural de Tegucigalpa y los pepenadores
se basa en mis observaciones y en entrevistas que hice con los
niños en el basural. También vi a niños cargando aserrín y

leña. Estuve en la escuela de El Infiernito, donde los niños van sin zapatos.

La descripción de la infancia de María Isabel, la mudanza a casa de su tía Gloria y su devoción por Enrique viene de Gloria, María Isabel, su hermana Rosario, su hermano Miguel, de su madre Eva y de mis visitas a los hogares de Eva y Gloria en Tegucigalpa.

El esbozo sobre la vida en El Infiernito se basa en la visita que hice a ese barrio acompañada por la maestra Jenery Adialinda Castillo. En Tegucigalpa, acompañé al sacerdote Eduardo Martín en sus rondas vespertinas para alimentar a los niños sin techo adictos al pegamento.

El intento de ir a reunirse con su madre que hizo Enrique en 1999 fue corroborado por José del Carmen Bustamante, su compañero de viaje.

EN BUSCA DE PIEDAD

La descripción de los seis primeros intentos que hizo Enrique por llegar a los Estados Unidos se basa en mis entrevistas con Enrique y en mis observaciones de otros migrantes a lo largo de la misma ruta. Visité el lugar donde a Enrique lo picaron las abejas en Medias Aguas. Fui al cementerio de Tapachula y a la cripta donde durmió Enrique.

El relato de las experiencias de Enrique en Las Anonas y sus alrededores se escribieron sobre la base de entrevistas con Sirenio Gómez Fuentes; el alcalde Carlos Carrasco y su madre Lesbia Sibaja; los lugareños Beatriz Carrasco Gómez, Gloria

Luis y otros; el alcalde de San Pedro Tapantepec, Adán Díaz Ruiz, y su chofer Ricardo Díaz Aguilar. Fui a la casa de los Fuentes, a la iglesia de Las Anonas y al árbol de mangos bajo el cual Enrique se desplomó.

El alcalde Díaz proporcionó la factura del médico que detallaba el tratamiento que se le dio a Enrique. Los detalles sobre el estado de salud de Enrique y su tratamiento provienen de Enrique y del Dr. Guillermo Toledo Montes, que lo atendió.

La descripción del viaje en autobús a Guatemala se basa en entrevistas con Enrique, migrantes que viajaban en el autobús y mis propias observaciones al viajar en el autobús hasta El Carmen, Guatemala, donde termina el recorrido.

ANTE LA BESTIA

La descripción del cruce del río Suchiate se basa en entrevistas con Enrique, con otros migrantes que lo cruzaron y en las observaciones que yo misma hice al cruzar el río en balsa. El enfrentamiento con Chiapas, "la bestia", viene del padre Flor María Rigoni, un sacerdote católico del refugio para migrantes Albergue Belén en Tapachula, Chiapas. Las lecciones de Chiapas provienen de Enrique, de otros inmigrantes y del padre Arturo Francisco Herrera González, un sacerdote católico que ayuda a auxiliar migrantes en la parroquia de San Vicente Ferrer en Juchitán, Oaxaca.

El relato de cómo Enrique durmió en el cementerio y corrió para alcanzar el tren se basa en entrevistas con él y en mis propias observaciones del ritual de correr para alcanzar el tren cuando estuve en el cementerio. Acompañé a la policía municipal de Tapachula durante una redada al amanecer, recorrí el cementerio con el cuidador y visité la cripta donde durmió Enrique. Para describir su viaje hasta una cárcel de Tapachula, acompañé a migrantes que habían sido capturados por la policía y eran llevados al mismo centro de detención. El dato sobre la velocidad del tren fue proporcionado por Jorge Reinoso, quien en el año 2000 era jefe de operaciones de Ferrocarriles Chiapas-Mayab, y por Julio César Cancino Gálvez, ex trabajador ferroviario del tren de Tapachula y agente del Grupo Beta. La afirmación "Se lo comió el tren" viene de Emilio Canteros Méndez, un ingeniero de Ferrocarriles Chiapas-Mayab, y fue confirmada por migrantes que conocí en los trenes. El padre Rigoni proporcionó información acerca de los peligros de Chiapas.

Las estrategias para prevenir violaciones fueron detalladas por agentes del Grupo Beta y Mónica Oropeza, directora ejecutiva del Albergue Juvenil del Desierto, un refugio para migrantes menores de edad ubicado en Mexicali, México. El estudio realizado en 1997 por la Universidad de Houston y titulado "Potentially Traumatic Events Among Unaccompanied Migrant Children from Central America" detalla los peligros. El dato de que las muchachas se escriben TENGO SIDA en el pecho fue proporcionado por Olivia Ruiz, una antropóloga cultural del Colegio de la Frontera Norte en Tijuana que estudia los peligros que enfrentan los migrantes al andar en los trenes por Chiapas.

La descripción de las sensaciones que produce el tren, la

elección de dónde viajar y qué llevar se basa en entrevistas con Enrique, así como en mis propias observaciones y en entrevistas que realicé al viajar en dos trenes de carga por Chiapas. Reinoso facilitó información sobre la antigüedad y las condiciones de las ferrovías de Chiapas y sobre la frecuencia de los descarrilamientos, uno de los cuales presencié. Los apodos que se dan al tren vienen de migrantes, agentes del Grupo Beta y del ex trabajador ferroviario Julio César Cancino Gálvez.

El relato de cómo esquivan las ramas, y qué dicen los inmigrantes cuando ven una, proviene de Enrique y de mis propias observaciones en el techo de un tren cuando un migrante salió despedido por el golpe de una rama.

Los peligros de La Arrocera fueron detallados por Enrique, otros migrantes, agentes del Grupo Beta y Marco Tulio Carballo Cabrera, agente de inmigración en la cercana estación de migraciones de Hueyate. Al pasar por La Arrocera en el curso de dos viajes en tren, observé la ansiedad que mostraban los migrantes al aproximarse al retén.

La afirmación de que los agentes disparan contra los migrantes en el retén de La Arrocera es de C. Faustino Chacón Cruz Cabrera; Hugo Ángeles Cruz, experto en inmigración del Colegio de la Frontera Sur en Tapachula, México; empleados ferroviarios que dijeron haber presenciado tales tiroteos, incluyendo a José Agustín Tamayo Chamorro, jefe de operaciones del ferrocarril Ferrosur, y Emilio Canteros Méndez, ingeniero de los ferrocarriles Chiapas-Mayab. También se basó en relatos de migrantes que dijeron que los agentes les habían disparado en La Arrocera, incluyendo a Selvin Terraza Chan, de veintiún años; José Alberto Ruiz Méndez, de quince años; y Juan Joel de Jesús Villareal, de quince años. Hernán Bonilla, de veintisiete años, nos mostró a Enrique y a mí las cicatrices que afirmaba eran quemaduras de cigarrillo infligidas por agentes de inmigración de la zona.

La descripción de los bandidos y sus actividades en La Arrocera se obtuvo de Julio César Cancino Gálvez, quien me volvió a acompañar al retén en 2003. En esta oportunidad obtuve información adicional sobre los bandidos del supervisor local de la migra, Widmar Borrallas López, y de lugareños que viven cerca de las vías en La Arrocera: Amelia López Gamboa, Jorge Alberto Hernández, Virgilio Mendes Ramírez, María del Carmen Torres García y otros tres hombres que tuvieron miedo de dar sus nombres. También visité los bares favoritos de los bandidos en el pueblo cercano de Huixtla.

Los relatos de las maneras en que los migrantes esconden el dinero provienen de migrantes que conocí en el tren. La descripción de cómo Enrique rodeó La Arrocera es de Enrique, Clemente Delporte Gómez, ex oficial del Grupo Beta Sur, y de mis propias observaciones al rodear el retén, donde fui testigo de dos persecuciones de bandidos y entré a la casa de ladrillo donde habían violado mujeres.

Las emboscadas en el puente Cuil fueron descritas por Clemente Delporte Gómez y el agente del Grupo Beta Sur José Alfredo Ruiz Chamec.

La información sobre la antipatía hacia los migrantes centroamericanos vino del profesor Hugo Ángeles Cruz y residentes de Tapachula, incluyendo a Miguel Ángel Pérez Hernández, Guillermina López y Juan Pérez. Al viajar en los trenes por Chiapas, vi cómo niños mexicanos apedreaban a los migrantes.

La descripción de la reacción de María Isabel ante la partida de Enrique viene de ella, de su tía Gloria y de su madre. La información sobre el plan trunco de María Isabel para seguir a Enrique a los Estados Unidos proviene de María Isabel, su madre Eva, su tía Gloria y de Gloria Elizabeth Chávez, hija de Gloria.

La descripción del calor que hace en el tren y de cómo los migrantes se mantienen despiertos viene de Enrique. Yo vi a los migrantes hacer cosas similares para refrescarse y mantenerse despiertos: Reynaldo Matamorros se amarró al extremo de una tolva para descansar, José Rodas Orellana tomaba anfetaminas y José Donald Morales Enriques hacía sentadillas. Viajé en un tren donde el coro se desató a las cuatro de la madrugada.

La información sobre cómo los pandilleros acechan a los inmigrantes se obtuvo de agentes del Grupo Beta, Baltasar Soriano Peraza, y de mis propias observaciones en los trenes. Las descripciones de cómo los pandilleros asaltan a los viajeros provino de Baltasar Soriano Peraza, del Albergue Belén; del agente de migraciones mexicano Fernando Armendo Juan, que acompaña a los migrantes en el autobús; y de migrantes, incluyendo a Carlos Sandoval, un salvadoreño que afirma que los pandilleros lo acometieron con picahielos.

Para recabar información sobre cómo los migrantes son

devorados por el tren entrevisté a Carlos Roberto Díaz Osorto
en su cuarto de hospital en Arriaga, Chiapas, en el año 2000.
Más adelante revisé su historia clínica.

En 2003, pasé dos semanas con Olga Sánchez Martínez.
Durante ese tiempo la vi cambiar las vendas de los migrantes,
la acompañé a la iglesia, a visitar a un fabricante de prótesis, a
vender ropa usada, a sus rondas en el hospital local, a un paseo
a la playa con migrantes heridos y en sus esfuerzos por conseguir un ataúd en medio de la noche para un migrante que
había muerto en el albergue.

Para escribir acerca de Olga hablé con migrantes que viven
en el Albergue Jesús el Buen Pastor, incluyendo a Tránsito
Encarnación Martines Hernández, Fausto Mejillas Guerrero,
Leti Isabela Mejía Yanes, Hugo Tambrís Sióp, Edwin Berto-
tty Baquerano, Juan Carlos Hernández, Francisco Beltrán
Domínguez, Efrén Morales Ramírez, Carlos López, Fredy
Antonio Ávila y Mario Castro. Entrevisté a Olga, a su esposo
Jordán Matus Vásquez y a amigos y voluntarios del albergue
como Marilú Hernández Hernández, Fernando Hernández
López, Roldán Mendoza García y Carmen Aguilar de Mendoza.

DÁDIVAS Y FE

La descripción de la estatua de Jesús se basa en entrevistas con
Enrique y en mis propias observaciones de otros migrantes
a bordo de un tren que pasó delante de esa misma estatua.
La información sobre los objetos religiosos, las lecturas de la
Biblia y sobre cómo los migrantes manifiestan su fe viene de

los migrantes Marco Antonio Euseda, Óscar Alfredo Molina y
César Gutiérrez. Yo escuché al migrante Marlon Sosa Cortez
recitar la oración a las Tres Divinas Personas mientras viajaba
en el techo de un tren.

Las palabras que intercambia Enrique con los que le arrojan
comida vienen de él. Los intercambios se asemejan a los que
yo misma oí al observar a las personas que arrojan comida
en varios pueblos. En Encinar, Veracruz, arrojaron bananas
y galletas al tren en el que yo viajaba. En Veracruz, entrevisté
a personas que arrojan comida en varias aldeas. En Encinar:
Ángela Andrade Cruz, Jesús González Román, su hermana
Magdalena González Román y la madre de ambos, Esperanza
Román González; Mariano Cortés, Marta Santiago Flores y su
hijo Leovardo. En Fortín de las Flores: Ciro González Ramos,
sus hijos Erika y Fabián y su ex vecina Leticia Rebolledo. En
Cuichapa: Soledad Vásquez y su madre María Luisa Mora
Martín. En Presidio: Ramiro López Contreras y su hijo Rubén
López Juárez.

La afirmación de que los oaxaqueños son más amistosos se
obtuvo de entrevistas con Enrique y otros migrantes, así como
de Jorge Zarif Zetuna Curioca, ex alcalde de Ixtepec; Juan
Ruiz, ex jefe de policía de Ixtepec; e Isaías Palacios, ingeniero
ferroviario.

Para narrar la decisión de ayudar a los inmigrantes que
se tomó en la parroquia María Auxiliadora de Río Blanco,
Veracruz, me basé en el relato del sacerdote Salamón Lemus
Lemus; los voluntarios Luis Hernández Osorio, Gregoria Sánchez Romero y Leopoldo Francisco Maldonado Gutiérrez; la

cocinera de la iglesia, Rosa Tlehuactle Anastacio; la secretaria de la iglesia, Irene Rodríguez Rivera; el padre Julio César Trujillo Velásquez, director de relaciones públicas de la diócesis de Orizaba; y monseñor Hipólito Reyes Larios, el obispo católico de Orizaba.

En 2003, entrevisté a varios fieles de la iglesia de Veracruz que ayudaban a los migrantes dándoles comida, un techo o protección de la policía, incluyendo a Raquel Flores Lamora, Baltasar Bréniz Ávila, Francisca Aguirre Juárez y María del Carmen Ortega García.

El relato de cómo golpearon a migrantes en El Campesina el Mirador es de María Enriqueta Reyes Márquez, quien fue testigo del incidente, y Samuel Ramírez del Carmen, de la Cruz Roja de Mendoza, Veracruz.

El relato de cómo le robaron a Enrique en la estación de Córdoba proviene de Enrique y de mis propias observaciones del cobertizo adonde sucedió. Otros migrantes contaron historias similares sobre robos en Córdoba.

Manuel de Jesús Molina, que en el año 2000 era asistente del alcalde de Ixtepec, un pueblo cercano, dijo que la experiencia que tuvo Enrique de que le robara la policía judicial era común en la zona. Sixto Juárez, jefe de la Agencia Federal de Investigación en Arriaga, México, negó que la policía judicial robe.

La camaradería a bordo del tren al norte de Orizaba y las preparaciones para el frío vienen de Enrique y de mis observaciones de otros inmigrantes en Orizaba. La descripción de los túneles procede de Enrique, del señalero Juan Carlos Salcedo y de observaciones que hicimos el fotógrafo de *Los Angeles Times* Don Bartletti y yo al pasar por los túneles en el techo de un tren de carga.

La información sobre el peligro del túnel El Mexicano es de José Agustín Tamayo Chamorro del ferrocarril Ferrosur. Lo que gritan los migrantes al pasar por los túneles y lo que hacen para entrar en calor lo explicó Enrique, y fue confirmado por mis observaciones.

En el año 2000 encontré la alcantarilla en la que Enrique esperó el tren.

La poca disposición para ayudar a los centroamericanos fue descrita por Raymundo Ramos Vásquez, director del Comité de Derechos Humanos, Grupo 5 de Febrero, un grupo de derechos humanos de Nuevo Laredo. La afirmación de que Jesús era un migrante vino de Óscar Alvarado, cuidador del albergue para migrantes de la iglesia de San José, y fue confirmado por Enrique y otros migrantes.

En 2003 regresé para entrevistar a los residentes de La Lechería, Olivia Rodríguez Morales y Óscar Aereola Peregrino, y al jefe de personal de la estación de La Lechería, José Patricio Sánchez Arrellano, quien me llevó a recorrer la estación y proporcionó antecedentes históricos. Los datos sobre los cables eléctricos en Ciudad de México vienen de Enrique, de Cuauhtémoc González Flores de Transportación Ferroviaria Mexicana y de mis observaciones en el centro de control de operaciones del ferrocarril.

El dato acerca del número de guardias de seguridad en la estación de San Luis Potosí fue proporcionado por Marcelo

Rodríguez, jefe de seguridad de la estación para Transportación Ferroviaria Mexicana.

La descripción de la estadía de Enrique en San Luis Potosí trabajando en una fábrica de ladrillos proviene de él y de entrevistas con fabricantes de ladrillos, incluyendo a Gregorio Ramos, José Morales Portillo y Juan Pérez. La descripción del viaje a Matehuala viene de Enrique y de mis propias observaciones durante un viaje en autobús por la misma ruta.

La renuencia de los camioneros a llevar migrantes fue confirmada por el camionero Modesto Reyes Santiago y por Faustina Olivares, propietaria del restaurante No Que No, que es frecuentado por camioneros. También viajé en camión como autostopista entre Matehuala y Nuevo Laredo.

EN LA FRONTERA

La descripción del campamento proviene de Enrique y de los residentes del campamento Hernán Bonilla, Miguel Olivas, Luis Moreno Guzmán y Jorge Enrique Morales, y también de mis propias observaciones en el campamento.

El retrato de El Tiríndaro, su adicción a la heroína y cómo protegía a Enrique se basa en mis observaciones y en entrevistas con este último y los siguientes residentes del campamento: Miguel Olivas, Hernán Bonilla y Omar Martínez Torres. En 2003, entrevisté a Juan Barajas Soto, un miembro de Los Osos y cómplice de El Tiríndaro, en la cárcel de Nuevo Laredo, Centro de Readaptación Social No 1; él me proporcionó detalles adicionales acerca de El Tiríndaro, Los Osos y la estadía de Enrique en el campamento. El migrante Jorge Enrique Morales le dio a Enrique pedacitos de tacos y contribuyó a la descripción general de la vida en el campamento.

Yo observé a Enrique lavar coches para ganar dinero.

La información sobre las tarjetas de comida fue proporcionada por el padre Filiberto Luviano Mendoza de la parroquia del Santo Niño y por la voluntaria Leti Limón de la parroquia de San José. El migrante Miguel Olivas describió el mercado negro de tarjetas de comida.

El relato acerca de la asistencia a los migrantes que provee Leonardo López Guajardo se basa en entrevistas con el sacerdote en el año 2000 y con las monjas Elizabeth Rangel y María del Tepeyac. En 2003 pasé una semana con el sacerdote. Fui con él a la iglesia; estuve presente cuando el cura dio misa en el cementerio y para prisioneros en la cárcel, y lo acompañé en sus viajes por Laredo, Texas, y Nuevo Laredo, México, para ir a recoger donativos de comida, ropa y otros artículos. Entrevisté a personas que dan donaciones al cura, incluyendo a la hermana Isidra Valdez, Lydia Garza, Rosalinda Zapata, Margarita Vargas y Eduardo Brizuela Amor. Pasé algún tiempo con dos monjas que ayudan al cura: las hermanas Leonor Palacios y Juanita Montecillo.

Para comprender mejor al cura y su trabajo con los migrantes hablé con las secretarias de la iglesia Alma Delia Jiménez Rentería y María Elena Pineda de Aguilar; los voluntarios de la iglesia, Patricia Alemán Peña, Miguel Delgadillo Esparza, Pedro y Leti Leyva; José Guadalupe Ramírez, Horacio Gómez Luna, Rogelio Santos Aguilar, Rocío Galván García, Juana R.

Cancino Gómez y Felipa Luna Moreno. También entrevisté a Carlos Martín Ramírez, un médico que atiende a los migrantes gratis en la parroquia, y hablé con los vecinos de la iglesia Juana Mexicano de Acosta y Juan Acosta Hernández.

El padre Leonardo López Guajardo de la parroquia de San José calculó el porcentaje de las comidas que da la iglesia que se dan a niños. Yo misma observé la cena de los migrantes en la parroquia de San José y cómo los migrantes se reunían junto al mapa de Texas después de comer para hablar del recorrido.

Realicé entrevistas y observé las vidas de otros niños que Enrique conoció en Nuevo Laredo y que también iban en busca de su madre, incluyendo a Ermis Galeano, Mery Gabriela Posas Izaguirre, su tía Lourdes y Kelvin Maradiaga.

Las conversaciones mantenidas a la salida de la parroquia de San José acerca de las privaciones y las lesiones que sufren los migrantes durante el viaje al norte vienen de las observaciones que hice de estas conversaciones y de María del Tepeyac, una monja que dirigía la clínica de la iglesia.

El relato de cuando Enrique durmió en la casa abandonada, la cual visité, provino de Enrique y del fotógrafo Don Bartletti.

La narración del Día de la Madre procede de las madres centroamericanas, incluyendo a Águeda Navarro, Belinda Cáceres, Orbelina Sánchez y Lourdes Izaguirre, y de mis observaciones de las madres consolándose unas a otras. La plegaria de las madres que piden vivir viene de mi observación de Lourdes Izaguirre mientras esta última rezaba.

Los pensamientos y los actos de Lourdes después de que su hijo se marchó me los facilitó ella y fueron confirmados por su prima María Edelmira Sánchez Mejía, con quien Lourdes habló en aquel momento.

La descripción de la adicción al pegamento de Enrique proviene de Hernán Bonilla y de mis observaciones. Juan Barajas Soto, que fue entrevistado en la cárcel de Nuevo Laredo en 2003, recordó que, en medio de sus alucinaciones, Enrique hablaba con los árboles y les decía que quería estar con su madre.

Yo vi a Enrique poco después de que se hiciera el tatuaje, y lo observé batallar para conseguir la segunda tarjeta telefónica. La descripción de los intentos de Enrique por mendigar dinero en el centro de la ciudad viene de Enrique y Hernán Bonilla.

La información sobre los peligros del río y los puestos de control se obtuvo de los migrantes Miguel Olivas, Hernán Bonilla y Fredy Ramírez; el supervisor de la Patrulla Fronteriza de los Estados Unidos Alexander D. Hernandez; los agentes Charles Grout y Manuel Sauceda en Cotulla, Texas; y también de mis observaciones.

La descripción de los peligros del desierto proviene de entrevistas con los migrantes Miguel Olivas, Gonzalo Rodríguez Toledo, Luis Moreno Guzmán, Elsa Galarza, Leonicio Alejandro Hernández, Mario Alberto Hernández y Manuel Gallegos; con los agentes de la Patrulla Fronteriza Charles Grout y Manuel Sauceda; el entrenador de perros Ramón López; y de las observaciones que hice personalmente al acompañar a los agentes durante tres días en la frontera de Texas.

Según la Oficina General de Contabilidad, en el año 2000

murieron por lo menos 367 inmigrantes cruzando la frontera sudoeste de los Estados Unidos.

CRUZANDO UN RÍO OSCURO EN BUSCA DE UNA NUEVA VIDA

La descripción de la partida de Enrique a la una de la madrugada se escribió sobre la base de entrevistas con él y el migrante Hernán Bonilla, quien presenció la partida, así como de la observación subsiguiente que hice del descampado en la ribera sur del río Grande y de mi observación de otros cruces nocturnos y persecuciones de la Patrulla Fronteriza de los Estados Unidos. Lo que El Tiríndaro les dijo a Enrique y a los dos mexicanos sobre una posible captura viene de este último. Otros migrantes me contaron que esto es lo que los contrabandistas dicen habitualmente a los migrantes antes de cruzar el río.

El dato sobre el ahogado en el río proviene de Enrique y otros migrantes, incluyendo a tres de la parroquia de San José. Los migrantes afirmaron haber visto a un jovenzuelo llamado Ricki ahogarse en un remolino dos noches antes.

La narración del cruce a la isla y luego a los Estados Unidos se basa en entrevistas con Enrique y en la observación de la isla que yo misma hice desde el lugar donde cruzó Enrique en la ribera sur. Reconstruí el trayecto de Enrique a ambos lados del río y fui al lugar donde pisó suelo estadounidense por primera vez.

La descripción de las cárceles donde están detenidos los niños capturados por las autoridades estadounidenses proviene del tiempo que pasé en estas instituciones, incluyendo una semana en el Centro de Detención Juvenil Los Padrinos, en Los Ángeles, y una semana en la cárcel del condado de Liberty, en Liberty, Texas. También estuve una semana en un albergue manejado por International Educational Services donde detienen a migrantes en Los Fresnos, Texas, y en otro albergue similar en San Diego, California.

La empresa Corrections Corporation of America ha negado que los niños bajo su custodia no estén bien alimentados. Sin embargo, la cárcel de Liberty, Texas, manejada por Corrections Corporation of America, ya no alberga a niños inmigrantes. Los que captura la Patrulla Fronteriza al intentar ingresar al país de manera ilegal están ahora bajo la autoridad de la Oficina de Reubicación de Refugiados del Departamento de Salud y Servicios Humanos de los Estados Unidos, una agencia que usa menos el recurso de la cárcel y favorece el uso de instituciones más benignas como albergues abiertos y hogares de crianza.

Reconstruí la carrera de Enrique a lo largo del Zacate Creek, pasando una planta de tratamiento de aguas residuales y subiendo un terraplén hasta una zona residencial en las afueras de Laredo.

La descripción de cómo los agentes de la Patrulla Fronteriza detectan vehículos sospechosos fue proporcionada por Alexander Hernandez, agente supervisor de la Patrulla Fronteriza en Cotulla, Texas, durante una patrulla del mismo tramo de carretera que siguieron los contrabandistas de Enrique en el sur de Texas.

La descripción de cómo Enrique eludió el retén de la patrulla fronteriza se basa en parte en las observaciones que hice durante una visita al retén.

La descripción de la vida de Lourdes en Carolina del Norte y de las fotos se basa en entrevistas con ella, su novio y otros inmigrantes que vivían con ambos. Lourdes me mostró las fotos de sus hijos.

El relato de las llamadas de Enrique a su madre desde Dallas se obtuvo de Enrique, su madre y el novio de ella.

El viaje de Florida a Carolina del Norte se describe a partir de las observaciones que hice al recorrer el tramo de Carolina del Norte de la misma ruta. El reencuentro de Enrique con su madre y las conversaciones proceden de él, su hermana Diana, Lourdes y de las observaciones que hice cuando Enrique reconstruyó sus pasos al entrar en la casa y hasta la habitación de su madre, pasando por la cocina y los corredores.

QUIZÁ UNA NUEVA VIDA

La información sobre la reacción de María Isabel al enterarse de la llegada de Enrique a Carolina del Norte se obtuvo de Belky, su tía Rosa Amalia, María Isabel y su tía Gloria.

La descripción del trabajo de Enrique, lo que gana y sus compras viene de mis observaciones.

Para describir la vida de Enrique con Lourdes en Carolina del Norte entre 2000 y 2005, hablé con Enrique, un amigo y compañero de trabajo suyo, su jefe, Lourdes, el novio de

Lourdes, el hijo del novio de Lourdes, Diana la hija de Lourdes y su hermana Mirian.

Las descripciones de la relación entre Enrique y su madre, incluyendo el resentimiento de los niños inmigrantes por el abandono de las madres, vienen de Enrique, Lourdes, Diana, el novio de Lourdes y un primo de él; así como de María Olmos, directora del Newcomer Center en la Belmont High School, una escuela para inmigrantes de Los Ángeles; Gabriel Murillo, ex consejero de Belmont; y Aldo Pumariega, director de la Bellagio Road Newcomer School de Los Ángeles, que cerró sus puertas.

La decisión de María Isabel de seguir a Enrique me la relataron María Isabel, su tía Gloria y su madre Eva.

LA NIÑA QUE QUEDÓ ATRÁS

Los relatos acerca de la vida de Enrique, su novia María Isabel, Lourdes, su hermana Mirian y otros se basan en viajes que hice a Honduras y a Carolina del Norte en 2003, y en entrevistas con Enrique y Lourdes y miembros de sus familias en Honduras y los Estados Unidos entre los años 2000 y 2005.

Obtuve información adicional de las abuelas materna y paterna de Enrique, de su hermana Belky, de su tía Rosa Amalia, su tío Carlos y de la prima de Lourdes, María Edelmira.

En 2003, pasé una semana observando la vida de María Isabel y su hija Jasmín en Honduras. Visité cada una de las tres casas en las que María Isabel ha vivido en Tegucigalpa.

Para conocer mejor Los Tubos, el barrio donde vivía María Isabel con su madre, recorrí el lugar con Reina Rodríguez y María Isabel Sosa, quienes trabajan en la clínica de salud local. Óscar Orlando Ortega Almendares, quien trabaja en la clínica, proporcionó una historia del barrio y de la familia de María Isabel. Hablé con José Luis Pineda Martínez, director de la escuela local a la que asistió María Isabel, la Escuela 14 de Julio. Entrevisté a Cydalia de Sandoval, presidenta de la Asociación Damas de la Caridad San Vicente de Paúl, que administra una guardería y orfanato en la zona, y a Argentina Valeriano, dueña de una tienda de comestibles local, la pulpería Norma. Acompañé a María Isabel a su trabajo en la tienda de ropa para niños.

La descripción de la vida de María Isabel en Honduras proviene de ella, su hermana Rosario, su hermano Miguel, su madre Eva, y su tía Gloria. Suyapa Valeriano, que vive cerca de la casa de Eva en Los Tubos y tomaba llamadas de Enrique a María Isabel, también proporcionó detalles.

La descripción de las condiciones económicas y sociales de Honduras proviene de Maureen Zamora, una experta en migración de Honduras; Marta Obando, de la oficina hondureña de UNICEF; Norberto Girón, de la Organización de Migración Internacional; Glenda Gallardo, economista principal; y Álex Cálix, director de información sobre desarrollo nacional del Programa de Desarrollo para Honduras de las Naciones Unidas; Francis Jeanett Gómez Irias, una trabajadora social del Instituto Hondureño de la Niñez y la Familia; Nubia Esther Gómez, una enfermera de la institución; y Leydi

Karina López, jefa de recursos humanos de S.J. Mariol, una fábrica de indumentaria de Tegucigalpa. También consulté documentos de la biblioteca de UNICEF en Tegucigalpa.

UN REENCUENTRO INESPERADO

La descripción del viaje de María Isabel para reunirse con Enrique vino de entrevistas que mantuve con ella. La información sobre lo ocurrido después de su llegada a Florida me la facilitaron Enrique, María Isabel y Lourdes.

Yo fui al programa *Don Francisco Presenta* con Lourdes, Enrique y Belky.

EPÍLOGO

Visité a la familia en Florida en 2011 y en 2012, además de llevar a cabo entrevistas telefónicas regulares con ellos entre 2000 y 2012. Les hice preguntas acerca de sus vidas y de sus experiencias con el crimen cuando vivían en el apartamento en Florida. También entrevisté a Enrique en la cárcel de Florida y revisé sus informes de arresto.

Sólo los estados de Washington y Nuevo México permiten que los inmigrantes ilegales obtengan licencias de conducir.

La estadística de que se ha duplicado el número de inmigrantes ilegales en Florida es del ICE (US Immigration and Customs Enforcement) del Departamento de Seguridad Nacional. ICE proporcionó la información sobre la cantidad de dinero que recibe el centro de detención por cada inmigrante bajo su custodia, y también me permitió recorrer las instalaciones.

La información sobre cómo los Zetas acosan y matan a personas en Honduras viene de entrevistas con residentes del barrio de donde es oriundo Enrique.

Llevé a cabo entrevistas telefónicas con Belky y otros parientes de Honduras entre los años 2000 y 2012.

Fui al motel donde arrestaron a Enrique y al hospital donde nació Daniel Enrique. El 23 de septiembre de 2012 visité la iglesia evangélica adonde va Lourdes y fui con Lourdes, Jasmín y Daniel a visitar a Enrique en la cárcel.

Entrevisté a los dos abogados que representaron a Enrique.

REFLEXIONES FINALES

El número de niños indocumentados en los Estados Unidos es de un estudio del Pew Hispanic Center realizado por Paul Taylor, Mark Hugo López, Jeffrey S. Passel y Seth Motel con fecha de diciembre de 2011 y titulado "Unauthorized Inmigrants: Length of Residency, Patterns of Parenthood".

La estadística sobre el número de niños inmigrantes o hijos de inmigrantes que asisten a las escuelas del país es de un estudio de Karina Fortuny, Donald J. Hernandez y Ajay Chaudry titulado "Young Children of Inmigrants: The Leading Edge of America's Future", de 2010.

La información de lo ocurrido en Nuevo Laredo apareció en el periódico local *El Mañana* y otras agencias de noticias.

Un informe de Amnesty International de 2012 titulado "Invisible Victims: Migrants on the Move in Mexico" da detalles sobre el secuestro de cuarenta migrantes centroamericanos llevado a cabo en Medias Aguas, Veracruz, por bandoleros de los Zetas. Amnesty International también reportó el hallazgo de 193 cadáveres de migrantes centroamericanos que habían sido asesinados y enterrados clandestinamente. Las entrevistas en las que los migrantes afirman que los funcionarios mexicanos están involucrados en los crímenes perpetrados contra los centroamericanos son del informe de la Comisión Nacional de Derechos Humanos titulado "Informe Especial sobre Secuestro de Migrantes en México 2010".

El informe de Amnesty International y el informe "World Report 2012: Mexico" de Human Rights Watch proveyeron detalles acerca de los abusos a que son sometidos los migrantes centroamericanos en México.

Julio César Cancino Gálvez, del Grupo Beta Sur, y Olga Sánchez Martínez, que dirige un albergue para los heridos en Chiapas, afirmaron que hay más mujeres embarazadas y niños en los trenes.

Las cifras pasadas y presentes sobre el arresto y deportación de migrantes centroamericanos en México son de un informe de 2011 del Instituto Nacional de Migración.

Entre octubre de 2011 y mayo de 2012, la Patrulla Fronteriza de los Estados Unidos detuvo a 56.637 migrantes no mexicanos, más del doble de los 27.561 detenidos durante el mismo período del año anterior.

La información sobre el amigo de Enrique que trepó a un tren con otros 1.500 migrantes en Chiapas es de una entrevista que le hice al joven en septiembre de 2012.

La cifra de menores centroamericanos que viajan a los Estados Unidos sin acompañante es de la Aduana estadounidense (U.S. Customs and Border Protection). La cifra de menores mexicanos sin acompañante es del Ministerio de Relaciones Exteriores de México.

Para llegar a estimar que unos 100.000 niños ingresan a los Estados Unidos desde México y Centroamérica de manera clandestina y sin un acompañante, sumé las cifras siguientes: El U.S. Department of Health and Human Services, que asume la custodia de los niños, detuvo a 68.541 niños no mexicanos en el año fiscal de 2014. Al menos otros 15.600 niños de origen mexicano sin un acompañante adulto fueron detenidos y deportados de inmediato en 2014. El diputado Lamar Smith, jefe del Comité Judicial de la Cámara de Diputados (House Judiciary Committee), que tiene jurisdicción en cuestiones de inmigración, ha estimado que ingresan entre dos y cuatro migrantes por cada uno detenido.

Kids in Need of Defense, una organización sin fines de lucro que brinda ayuda legal a migrantes menores no acompañados, facilitó la información sobre cómo el gobierno de los Estados Unidos lidió con la oleada de niños sin acompañante.

La información sobre la legislación antiinmigración en varios estados es del informe titulado "2012 Inmigration-Related Laws and Resolutions in the States" publicado por la National Conference of State Legislatures como parte del Proyecto de Política Inmigratoria (Inmigration Policy Project).

Lo expuesto sobre qué opinan Lourdes y Enrique de la vida en los Estados Unidos y la inmigración se basa en entrevistas que tuve con ellos entre los años 2000 y 2012.

Un estudio del Pew Research Center, fechado en 2011 y titulado "Wealth Gaps Rise to Record Highs Between Whites, Blacks, and Hispanics", de Paul Taylor, Rakesh Kochnar, Richard Fry, Gabriel Velasco y Seth Motel, brinda detalles sobre la caída de 66 por ciento en la riqueza de los hogares hispanos.

En su estudio fechado en octubre de 2011 y titulado "A Record-Setting Decade of Inmigration: 2000-2010", Steven A. Camarota, del Center for Immigration Studies, dice que ingresaron a los Estados Unidos 27,2 millones de inmigrantes legales e ilegales entre 1990 y 2010. Afirma que la tasa de inmigración para la década de 2000 a 2010 es la más alta de toda la historia de los Estados Unidos.

En 1999 y 2000, visité la escuela Newcomer de Los Ángeles, donde entrevisté a docenas de madres e hijos y asistí a clases y sesiones de terapia y asesoramiento.

El cálculo de que los inmigrantes giran 40 mil millones de dólares desde los Estados Unidos hacia Latinoamérica es del Inter-American Development Bank.

Según la Oficina de las Naciones Unidas contra la Droga y el Delito, en 2007 había una cifra estimada de 36.000 pandilleros en Honduras.

Según un informe del Pew Hispanic Center fechado el

1 febrero de 2011 y titulado "Unauthorized Immigrant Population: National and State Trends, 2010", de Jeffrey Passel y D'Vera Cohn, el número de inmigrantes ilegales que ingresan a los Estados Unidos se desplomó casi dos tercios en la última década, pasando de un promedio de 850.000 por año en 2000 y 2005 a 300.000 por año entre 2007 y 2009.

Las cifras referentes a la proporción de habitantes nacidos en el extranjero que hay actualmente en los Estados Unidos son de un informe del Pew Research Center fechado el 23 de septiembre de 2013 y titulado "Population Decline of Unauthorized Immigrant Stalls, May Have Reversed", de Jeffrey Passel, D'Vera Cohn y Ana González-Barrera. La encuesta anual para 2010 de la oficina del Censo (Census Bureau 2010 American Community Survey) informó que el 27 por ciento de los residentes de California nacieron en otro país.

El estudio del National Research Council citado se titula "The New Americans: Economic, Demographic, and Fiscal Effects of Immigration" y es de 1997.

El estudio de 2003 realizado por la Universidad de Harvard que describe el efecto de la inmigración sobre el salario se titula "The Labor Demand Curve Is Downward Sloping: Reexamining the Impact of Immigration on the Labor Market", de George J. Borjas, profesor de economía y políticas sociales del John F. Kennedy School of Government.

Hago referencia a reportajes publicados en el *Los Angeles Times*: "For This Union, It's War" del 19 de agosto de 1993 y "Natives, Newcomers at Odds in East L.A.", del 4 de marzo de 1996.

El estudio de RAND publicado en 1997 que examina el número excesivo de inmigrantes se titula "Immigration in a Changing Economy: The California Experience", de Kevin F. McCarthy y Georges Vernez.

La Aduana estadounidense (US Customs and Border Protection) informa que tiene más de 21.000 agentes, un número cinco veces mayor que los 4.000 que tenía cuando se lanzaron las operaciones para controlar la inmigración en 1993. Según un informe de la U.S. Government Accountability Office titulado "Border Security DHS Progress and Challenges in Securing the U.S. Southwest and Northern Borders", fechado el 30 de marzo de 2011, el gobierno de los Estados Unidos gastó 11.900 millones de dólares en seguridad fronteriza en 2010. La Aduana de los Estados Unidos también informó en febrero de 2012 que había completado 651 millas de la muralla a lo largo de la frontera sudoeste.

En un artículo publicado por el *Wall Street Journal* el 2 de mayo de 2012 y titulado "Fresh Raids Target Illegal Hiring", Miriam Jordan informa acerca de las "redadas silenciosas" llevadas a cabo en quinientas empresas por agentes del Immigration and Customs Enforcement. La información sobre la facilidad con la que los inmigrantes ilegales pueden volver a utilizar nombres y números de seguro social la obtuve en entrevistas con trabajadores de frigoríficos en Colorado y Kansas.

La Asociación de Productores de Frutas y Hortalizas de Georgia (Georgia Fruit and Vegetable Association) encargó el estudio de la Universidad de Georgia que calculó en 140 millones de dólares las pérdidas de cosechas debidas a la nueva ley de inmigración. Sumando el efecto multiplicador, el estudio calculó el monto de las pérdidas en la actividad económica en 390 millones de dólares.

Según un informe titulado "Smuggling Migrants" de la Oficina de las Naciones Unidas contra la Droga y el Delito, los contrabandistas proveen sus servicios a aproximadamente el 90 por ciento de los inmigrantes ilegales. La Patrulla Fronteriza de los Estados Unidos registró 368 muertes de migrantes en 2011.

La Patrulla Fronteriza de los Estados Unidos informó que las capturas de inmigrantes ilegales alcanzaron un pico de 1,69 millones en 1986 pero bajaron a 340.252 en el año fiscal de 2011, el nivel más bajo registrado desde 1971.

Las estadísticas sobre la tasa de natalidad en México son de Dowell Myers, profesor de Políticas Públicas en la Universidad del Sur de California.

Los datos del porcentaje de niños hondureños que nunca va a la escuela son de un informe del Instituto Nacional de Estadísticas de Honduras titulado "Evolución de algunos indicadores de educación en la población de 3 a 17 años en Honduras, 2010".

La Organización Internacional para las Migraciones facilitó las estadísticas sobre migraciones globales. Un informe titulado "Unaccompanied Children in Europe: Issues of Arrival, Stay, and Return", de marzo de 2011, proporcionó información sobre menores sin acompañante adulto en Europa.

AGRADECIMIENTOS

La mayor parte de la investigación original realizada para este libro se hizo con vistas a una serie de reportajes para el periódico *Los Angeles Times*. Me siento particularmente en deuda con Rick Meyer, mi editor en *Los Angeles Times*. Rick es el mejor editor que un periodista puede pedir. Su apoyo es inquebrantable, pero al mismo tiempo exige los estándares más altos. El entusiasmo contagioso que siente por una buena historia hace que uno se esfuerce para producir su mejor trabajo. De todos los editores para los que he trabajado, él es quien más me ha enseñado cómo se cuenta una historia. No me extraña que los periodistas clamen por trabajar con él.

También me gustaría extenderle un agradecimiento especial a John Carroll, ex editor ejecutivo de *Los Angeles Times*. Él creyó en *La Travesía de Enrique* desde el comienzo y fue un corrector hábil y minucioso de doce borradores de la serie de artículos. A John le brillan los ojos cuando piensa en subirse las mangas, tomar un lápiz y encontrar maneras de mejorar cada oración, cada párrafo y cada sección de un reportaje.

También estoy en deuda con John por haberme permitido que me ausentara del trabajo para expandir la serie y convertirla en un libro.

Agradezco a las docenas de personas de *Los Angeles Times,* demasiadas como para enumerarlas, que han contribuido a que la historia fuese mejor y más multifacética. Esto incluye a cuantos trabajaron en la edición, la corrección, la fotografía, la investigación, la gráfica, el diseño, la presentación en Internet (incluyendo los multimedios) y la traducción de la serie al español para su versión electrónica.

En Random House, quiero agradecer a mi editor, David Ebershoff, el editor de la edición para adultos de *La Travesía de Enrique,* por facilitar la adaptación para lectores más jóvenes y a Beverly Horowitz, vicepresidenta y editora en jefe de Delacorte Press, por su pasión por este libro.

Gracias también a mi agente, Bonnie Nadell, quien me dio el impulso inicial para escribir este libro, y cuyo apoyo y sabiduría me ayudaron enormemente durante todo el proceso. Mi asistente de investigación, Rosario Parra, me ayudó a redactar y corregir esta edición. Quiero agradecerle todo lo que hace para que mi vida como escritora mantenga su rumbo.

Cientos de personas me han ayudado en el proceso de investigar y escribir este libro. Algunos en particular me dedicaron una enorme cantidad de su tiempo y esfuerzo, sobre todo Enrique, Lourdes y María Isabel.

A pesar de los obvios peligros, Enrique y Lourdes aceptaron cooperar conmigo. Como inmigrantes ilegales, asumieron un riesgo real. Ellos sólo contaban con mi promesa de narrar su historia fielmente y lo mejor posible, y que al hacerlo podrían ayudar a otros a comprender la situación de familias como la suya y cómo es el viaje de los migrantes. Para ellos, este proyecto fue un acto de fe. En el transcurso de cinco años, me brindaron semanas enteras de su tiempo, soportando una serie interminable de preguntas e indagaciones basados sólo en la esperanza de que yo plasmara sus experiencias de manera clara y certera. No tengo palabras para agradecerles.

Gracias también a sus familias en los Estados Unidos y en Honduras, que se mostraron igualmente pacientes y abiertas hacia mí. En los Estados Unidos, agradezco la ayuda del novio de Lourdes y de Diana. El libro no habría sido posible sin la generosa cooperación de Belky, Rosa Amalia, Mirian, Carlos Orlando Turcios Ramos, Tania Ninoska Turcios, Karla Roxana Turcios, María Edelmira Sánchez Mejía, Ana Lucía, María Marcos, Águeda Amalia Valladares, Gloria y Eva. Debo también un agradecimiento a las compañías ferroviarias mexicanas—Ferrocarriles Chiapas-Mayab, Transportación Ferroviaria Mexicana y Ferrosur—por haberme permitido viajar en sus trenes. Virginia Kice y otros funcionarios de lo que entonces se llamaba Servicio de Naturalización e Inmigración (INS) consiguieron que pudiera visitar las cárceles y albergues donde alojan a los niños migrantes. En uno de esos albergues en Texas, el coordinador del programa International Educational Service Rubén Gallegos Jr. me ayudó a entrevistar a docenas de niños migrantes.

En Chiapas, gracias al Grupo Beta y específicamente al agente Julio César Cancino Gálvez, pude recorrer a salvo los parajes más peligrosos que atraviesan los migrantes, incluyendo los techos de los trenes. Olga Martínez Sánchez y su familia me recibieron en su hogar y fueron verdaderamente generosos conmigo. Olivia Ruiz, Hugo Ángeles Cruz, Jorge Reinoso, Gabriela Coutiño y Sara Isela Hernández Herrera son otras personas que me brindaron mucho de su tiempo en Chiapas.

En Nuevo Laredo, agradezco al padre Leonardo López Guajardo y a cuatro monjas que lo ayudan en su trabajo: Elizabeth Rangel, María del Tepeyac, Leonor Palacios y Juanita Montecillo. Gracias también al activista de derechos humanos Raymundo Ramos Vásquez.

En Texas, los rastreadores de la Patrulla Fronteriza Charles Grout y Manuel Sauceda me revelaron información muy valiosa. En Los Ángeles, le debo a Gabriel Murillo, ex consejero de la escuela Newcomer, mucho de lo que he aprendido sobre el daño a las familias causado por estas separaciones.

Por último, la persona a quien más quiero agradecer es a mi esposo, Bill Regensburger, que soportó mis largas ausencias cuando estaba haciendo las investigaciones para el libro, y que ha apoyado siempre mi trabajo con amor, paciencia y ardor.

ACERCA DE LA AUTORA

SONIA NAZARIO tiene más de veinte años de experiencia como periodista especializada en cuestiones sociales, y su puesto más reciente fue como reportera de proyectos para el *Los Angeles Times*. Sus reportajes se han caracterizado por abordar temas de difícil solución, como el hambre, la drogadicción y la inmigración.

Sus artículos periodísticos y su libro la han hecho merecedora de numerosos premios. Su reportaje *La Travesía de Enrique,* publicado en el periódico *Los Angeles Times,* ganó más de doce premios, entre ellos el Premio Pulitzer al mejor reportaje de divulgación, el premio Robert F. Kennedy al periodismo (Grand Prize), y el premio a la excelencia Guillermo Martínez-Márquez otorgado por la Asociación Nacional de Periodistas Hispanos. Nazario trabaja para Kids In Need of Defense, una organización sin fines de lucro fundada por la Corporación Microsoft y Angelina Jolie que ofrece ayuda legal gratuita a niños migrantes que viajan sin un acompañante.

Sonia Nazario vive en Los Angeles.